花掉的錢都會自己流回來

啟動「金錢螺旋」，用錢愈多反而更有錢

暢銷新版

Mentalist DaiGo——著 林巍翰——譯

「好き」を「お金」に変える心理学

方言文化

國家圖書館出版品預行編目（CIP）資料

花掉的錢都會自己流回來：啟動「金錢螺旋」，用錢越多反而更有錢！／Mentalist DaiGo 著；林巍翰譯. -- 三版. -- 臺北市：方言文化出版事業有限公司，2024.02
208 面；14.8×21 公分
譯自：「好き」を「お金」に変える心理学
ISBN 978-626-7384-25-1（平裝）

1. CST：成功法　2. CST：生活指導　3. CST：財富

177.2　112022305

花掉的錢都會自己流回來

啟動「金錢螺旋」，用錢越多反而更有錢！

「好き」を「お金」に変える心理学

作　　者　Mentalist DaiGo
譯　　者　林巍翰

總 編 輯　鄭明禮
責任編輯　楊世駿
業 務 部　葉兆軒、林姿穎、胡瑜芳
企 劃 部　林秀卿、朱婉慈
管 理 部　蘇心怡、陳姿伃、莊惠淳

封面設計　張天薪
內頁設計　顏麟驊

發 行 人　鄭明禮
出版發行　方言文化出版事業有限公司
劃撥帳號　50041064
電話／傳真　（02）2370-2798／（02）2370-2766
法律顧問　証揚國際法律事務所　朱柏璁律師

定　　價　新台幣 320 元，港幣定價 106 元
三版一刷　2024 年 2 月 26 日（暢銷新版）
I S B N　978-626-7384-25-1

方言文化

前言 擁有多少錢，最幸福？

親愛的讀者，你目前有「金錢」上的困擾嗎？

你是否也曾經想過：「要是擁有更多能夠自由使用的財富該有多好？」

請試著想想看，這筆錢的數目應該要多少才夠用？

缺乏「衡量標準」，錢再多也難幸福

我曾經讀過一則短篇故事。內容敘述一名身價百億日圓的富翁，他因投資不慎，在損失了九十九億日圓之後，選擇走上絕路。

你是不是覺得這個故事很諷刺呢？它雖然只是一篇小說，但只要是明眼人都自然會發現——明明富翁的身邊還剩下一億日圓不是嗎？這筆錢絕對夠他衣食無缺，甚至可以成為東山再起的資本。

可是故事裡的富翁卻因為無法接受失去九九％資產的衝擊，而走上不歸路，親手葬送了自己的可能性。

因此我想換個方式再問一次——你認為該有多少可以隨心所欲使用的金錢才稱得上「足夠」呢？一百萬日圓、一千萬日圓、一億日圓、十億日圓……，或是這些都還瞧不上眼？

這本書就是希望能將你從「金錢」的煩惱中解放出來，然後將一個極為重要的概念介紹給大家——即**「『金錢』和『幸福』的平衡」**。

不了解「金錢」和「幸福」之間平衡的人，就算給他一百萬日圓、一千萬日圓、一億日圓、十億日圓，或是再多的財富，他也只能得到一瞬間的滿足而已。

就算買日本樂透中了相當七億日圓的「一等前後賞」*，但只要這筆獎金無法達到心中設定為「足夠」的數字，在前方等著的，便很可能只是個悲慘的未來。

為什麼我敢這麼說呢？因為這樣的人不懂得如何才能讓自己得到滿足。

舉例來說，在咖啡店的櫃台點餐時，店員會先確認你想要的大小，接著才將你點的咖啡裝在大小合適的杯子裡端給你享用。

如果今天不管你點了什麼，店員端給你的都是裝滿一大啤酒杯的咖啡，你會做何感想呢？

在覺得店員是否將咖啡送錯人後，你的心裡是不是也產生了以下想法：「這麼大一杯咖啡，有誰喝得完啊，喝不完拿去倒掉不是很浪費嗎？」

若我們將上述的「咖啡」換成「金錢」，又會如何？

假設現在你的戶頭裡有一筆款項匯了進來，而且金額遠遠高過你本來預期會收到的公司紅利數倍——對一般人來說，應該會覺得自己真是個幸運兒吧。

人們在點咖啡時，會自然地以自己想喝的量選擇大、中、小杯，可是許多人卻無法將這種觀念應用在金錢上。

為什麼會這樣呢？這是因為每個人雖然都知道自己目前想喝的咖啡量是多少，但在面對金錢時，卻會因缺乏衡量標準，不知道擁有多少錢才是自己的「適量」。

一個人只要能夠清楚什麼對自己是「適量」的，他就能夠感受到滿足、富裕和幸福。可是很多人在面對金錢時，並不清楚自己適合的容量——也就是我在前面提到的，「金錢」和「幸福」的平衡。

你知道自己的「平衡」在哪裡嗎？

「金錢」、「幸福」不平衡，生活不滿足的主因

如果你還沒有找到自己在「金錢」和「幸福」間的平衡，也不用太擔心。只要弄懂了「金錢」和「幸福」之間的平衡，不論何時，你都能用正確的方式立刻調整。

＊譯註：日本的樂透彩券共有六個號碼且有組別編號。假設中頭獎的是第一組的 123456 號，在第一組號碼之前的 123455 和之後的 123457，就是「一等前後賞」。

目前你所欠缺的就只有「知識」和「實踐」而已。

大部分的人在求學期間，幾乎都沒有花時間去了解「金錢」，就步入社會、成為了大人。這導致很多人對「金錢」的取得和使用方法有著相當大的誤解。而且他們對於最重要的一件事——「金錢和幸福之間的關係」，往往只有模糊的概念。

其實我以讀心師（Mentalist）出道，直到前幾年為止，也和大多數的人一樣，不知道自己的平衡點在哪裡。

我還是大學生時，就已經開始在電視上做表演了，那時周遭環境的變化速度相當驚人，邀約如潮水般湧來。我不斷被找上節目，以魔術師或擁有特異功能之人的身分表演。

一旦節目獲得高收視率，我就會被要求做更多討好觀眾的演出，結果這些演出內容，逐漸脫離了我本來所設定的方向。

儘管如此，我存款簿上的數字倒是越來越高了。

那筆錢是一位剛從大學畢業一年的社會新鮮人難以想像之龐大。電視台的工作內容越讓自己感到噁心，我的心思就越往「金錢」那邊傾倒。

我告訴自己：「想要賺這麼多，就得忍耐。如果到手的演出費用不能和我所做的犧牲成正比，那不就虧大了嗎？」當時我將金錢當成衡量一切的基準，故意忽視了因為追逐財富，所招致的種種不幸。

接著我開始得意忘形，過起一擲千金的生活。

那時在我身邊的人，全都出手闊綽，一個晚上就可以花掉好幾百萬日圓。曾有好一陣子，我享受著那樣的生活方式，獲得了短暫的滿足。現在回想起來，我當時所做的許多沒有意義的事，**就像點了裝在大啤酒杯裡的咖啡一樣，根本喝不完**。

如果你將自己點的咖啡，從大小適中的杯子移到另一個巨大杯子裡，咖啡的量看起來就會變得很少。如此一來，在你的心裡就會有種「不夠」的錯覺，並因此產生「想要更多」的心態。

以金錢判斷價值、被慾望充滿的人，就像在一個自己根本喝不完的大啤酒杯裡，不斷注入咖啡一樣。不論往杯裡加入多少咖啡，他永遠也沒有滿足的一天。此時，「金錢」和「幸福」便處於極度不平衡的狀態。

為什麼高收入，也會債台高築？

據說在日本，有不少年收入達到八百萬日幣（約新台幣一七六萬元）的家庭，過著入不敷出的生活。

根據日本政府二〇一五年的「民間給与実態統計調査」指出，日本人在工作崗位上，工作一整年，平均所得到的年收入為四二〇萬日幣（約新台幣九三萬元）——由此可見，年收入八百萬日幣，絕對算得上高收入。

處在這個收入階層的人，大多是擁有「金錢基礎」和「賺錢能力」的一群。儘管如此，在這個群體中，還是有不少人面對未來是無所適從、內心惴惴不安的，甚至出現花費超支的傾向。

為什麼會發生這種事情呢？我們可以從**「伊斯特林悖論」**（Easterlin Paradox）中，發現一些端倪。

「伊斯特林悖論」是由美國經濟學家理查德．伊斯特林（R.Easterlin）所提出的理論，他主張：「當人們處於貧窮，收入的增加會帶來幸福感。然而當年收入達到某個高度之後，就算收入再增加，幸福感也不會有所改變。」

這個理論提出之後，二〇一〇年時，美國的丹尼爾．康納曼（Daniel Kahneman）教授進行了一項調查。結果發現，一個人的年收入在**超過七萬五千美元**（約新台幣二二〇萬元）之後，伴隨著收入提高而來的幸福感將隨之停止增加。

由此可知，金錢的多寡和幸福感的關係，在收入越過了某個門檻後，就不會再相互影響了。

當你的年收入開始從三百萬日幣、四百萬日幣，逐漸增加到五百萬日幣時，隨著收入上漲，使用金錢的選項也隨之增加，此時你的幸福感自然會大大地提升。你能夠上高級餐廳打打牙祭；購買一些單價較高的飾品或衣服，也可以規劃一趟夢寐以求的旅程。

然而，當一個人的年收入超過七百萬日圓（約新台幣一五四萬元）之後，伴隨收入增加而產生的幸福感將會開始縮小。而那些不清楚多少錢對自己來說算「適量」的人，就會找不到能滿足自己幸福感和滿足感的「花錢方式」。

這些人便開始納悶：「明明我都那麼努力工作了，收入也比以前高出不少，怎麼心裡卻感受不到幸福和滿足呢？真奇怪！」

於是他們為了得到更多的幸福感，開始花大錢購買一些生活中不太需要或用不上的奢侈品。

高級轎車、名牌精品、奢華旅程……，可以選購的東西目不暇給。然而，因為這些都不是他們內心所追求的「正確花錢方式」，所以就算花了再多錢，還是無法讓自己的心靈得到滿足與充實。

甚至有些人開始把目光投向遠遠超過自己的經濟實力所能負擔的消費。他們誤以為透過花大錢可以得到幸福，結果，往往會發展到「不見棺材不掉淚」的情況，最後悲劇收場。

擁有多少錢，才「適量」？

一般人很容易陷入「錢越多，越幸福」的迷思。可是不論一個人有多會賺錢，只要他不知道正確的「花錢方式」，終究無法得到幸福的感覺。

為了在這個社會生存下去，相信每個人都有自己的「生財之道」；可是為了讓自己過得幸福，更重要的是，要找出屬於你的「金錢使用方式」。

能夠在「金錢」和「幸福」間取得平衡的人，不但清楚多少錢對自己來說「適量」，同時也知道如何賺到這筆錢，並且靈活地運用自身財富。

我曾經公開宣布要退出「讀心師」一職。那時我不但推掉了全部的演出機會，也謝絕所有來自電視台的節目邀約。結果有一陣子，我的月收入只有三萬日圓（約新台幣六六〇〇元）。

雖然如此，我卻得到了大量的時間，並且利用這個空檔，好好地思考了「自己到底想做什麼」以及「喜歡什麼」。

然後我發現，追求新知、閱讀和拓展自己的視野，是人生中最讓我感到快樂以及有價值的事情。

我想要的，其實只有不愁吃穿、一個能夠遮風避雨的地方，還有希望能夠泅泳於書海而已——像這樣的生活型態，就是屬於我幸福的杯子大小。

如果我將錢主要都花在和讀書相關之事，那麼金錢的支出就會集中在❶購買書籍、❷打造一個舒適的閱讀環境、❸創造用來讀書的時間，這三件事情上。

我希望能順從自己的求知欲，買下所有想要閱讀的書籍。打造一個不受任何人打擾、能以愉快心情集中精神來讀書的環境。然後也擁有自己可以自由使用的時間，來閱讀購入的書籍。

當我把錢花在這三件事情上，就覺得自己真是太幸福了。因此我只要能夠賺到維持如此生活的收入，就可以持續這種讓自己感到幸福的狀態。

真能這樣，我就不會變成一個為錢所苦的人。

換句話說，這種狀態就像是在我喜歡的咖啡杯裡，倒進八到九分滿的咖啡量。若用小一號的杯子來裝咖啡，不但容易滿出來，還不好入口；如果換成過大的杯子，則有可能喝不完，甚至造成腸胃不適。

因此，只要不斷挖掘自己喜愛的事物，你終會找到屬於自己在「金錢」和「幸福」間的平衡。

為了不再為「錢」所惱，你首先必須知道容量多大的杯子能讓你得到滿足；還有在什麼樣的環境下，你可以獲得充實感。

思考和金錢相關的事，不但能讓你更深刻地認識自己，同時也是找出通向幸福之道的重要過程。

在第一章裡，我將點出三個一般人在「花錢」時，容易產生的錯誤認知，同時這也是「金錢」最易困擾你的地方。如何修正這些錯誤的認知呢？請聽下面娓娓道來。

目次

CHAPTER 3

興趣變身吐鈔機，掌握五大致富時機

CHAPTER 4

「七原則」不踩禁忌，錢花在刀口上

CHAPTER

1

存錢難有保障，花錯錢更會買貧窮

01 購物紓壓，把消費變「浪費」

請想像一下，有一張「福澤諭吉」*放在你面前。

如果我對你說：「這張一萬日圓的鈔票送你，想要怎麼用都可以。條件只有一個，請在一個小時內花完。」

你會如何使用這一萬日圓呢？

在你可能還在傷腦筋時，我先岔個話題——話說回來，「貨幣」真是一種神奇的東西。對於年紀較小的孩子來說，拿到五百日圓的硬幣當零用錢時，很可能比拿到一千日圓紙鈔更開心。這或許是因為他們對面額上的數字還沒有概念，所以更具實體感的金屬貨幣，顯得較有吸引力吧——儘管千元鈔票的價值，明明是五百日圓硬幣的兩倍。

其實說穿了，鈔票不過是一張紙而已。不但碰到火會燃燒，風一吹就不知道飄到哪裡去了，碰上這種意外，原本在你手上「一萬日元的價值」瞬間就會灰飛煙滅。

像「紙鈔」這種不穩定的物品，之所以能夠當成貨幣流通，是因為大家都認可它「有價值」，而且足以用來當成購買商品和服務的報酬。

言歸正傳，現在你的手上有一張一萬日圓元的鈔票，你想去哪裡，並且怎麼利用這筆錢呢？

「品嚐一頓美味的豪華大餐」聽起來是個不錯的選擇。如果將一萬日圓拿去享用下午茶，選項可能會多到令你眼花撩亂。

有些人或許會利用這筆意外之財去投注站買彩券。雖然要中大樂透或威力彩頭獎的機率都不高，但只要能成功一次，得到的報酬何止百倍千倍，當然，用這筆錢添購一些自身興趣上會使用到的工具也是選項之一，總之使用方法是自由的。你甚至可以利用這筆錢請人到家裡打掃衛生，然後盡情地利用這段空閒時間。

如果是我，一定二話不說，就直接走進大型書店裡。在日本，一萬日元大概可以購買二～三本心理學的專門書籍或外文書。包含挑選書籍時的快樂心情在內，花掉這一萬日圓的整個一小時，對我來說都是非常有價值的。

對我來說，當我回家仔細閱讀完這些買回來的書之後，書中知識會進入腦袋。而我也會將值得參考的內容轉化為實際行動，創造出超過一萬日圓的利益。

＊譯註：一萬日幣紙鈔上的人物圖像。福澤諭吉（一八三五～一九〇一年）是活躍於明治時代日本的啟蒙思想家、教育家。

若是將這筆錢投入彩券或牌桌，想要從中獲得超過一萬日圓報酬的可能性，應該是微乎其微。享受美食固然也是很棒的體驗，但如果你不是一名專業廚師，恐怕很難將餐桌上的美好經驗，活用在自己的生活中。

如果你是選擇把錢花在請清潔公司到家裡幫忙打掃衛生，只要有好好利用所衍生出來的自由時間，那麼在將來，於這段時間內所產生出的回饋，同樣值得期待。

總結上文，我們大致可以把花錢的方法分為兩種類型——❶獲得短暫歡愉的單純消費；❷能連結到未來之可能性和收入，最後回到自己身上的投資型態。

你花錢是投資？還是浪費？

在本章開頭時，你腦海中浮現的「一萬日圓使用方法」，符合上述哪一種花錢的類型呢？

能夠掙脫金錢枷鎖的自由人，其花錢方法會是——**讓花出去的錢，以增值的方式回到自己身邊**。如果把錢花在只有當下能享受的商品或服務上，就只是一種單純的消費和浪費。相反地，如果把錢以「未來可能以金錢報酬回到自己身邊」的方式花費，就是一種**投資**。

了解這兩種花錢方式的差異後，下次當你打開皮包準備掏錢時，請先想一下這筆錢是「用在哪裡」的——「有意識地檢視自己」這件事相當重要。

耐人尋味的是，越是知道如何賺錢的人，往往越不清楚這兩種花錢方式的差異，他們喜歡消費和浪費帶來的爽快，更因此使得自己的行為受到心情影響，而不知道如何正確使用金錢。

回想起我剛以讀心師出道，經常在電視節目上做表演的那段時日——工作行程滿檔，演出的內容經常違背自己的心意，累積的壓力讓自己都快要喘不過氣來了。雖然收入不斷增加，我卻不知道該怎麼正確地使用這些錢。

儘管買了一堆書，但都沒有時間好好消化吸收。書架上的書越積越多，我為了眼不見為淨，連家都不回了。於是和透過電視台結識、來自各行各業的朋友們，盡情享受起都市的夜生活。

因為這樣，我結交了許多有錢人，他們許多是IT領域的成功人士、金融界的股市操盤手和經營不動產的年輕老闆。這些人很熟悉賺錢的方法，每個月都能賺進數百萬甚至千萬日幣。

他們透過綿密的經營策略、有效率的工作方式，驅動著大型的經濟活動，這是剛離開大學校園的我所無法想像的世界。

可是這些商界的風雲人物到了夜裡，卻可以在一個晚上沒有計畫地花掉五百萬日圓。這筆錢既不是使用在某個紀念活動，也不是投資一場和接下來生意相關的晚宴，單純只是為了得到快樂而做的消費（浪費）行為。

「用錢」是壞事，真的嗎？

別人花自己的錢，本來我是沒有什麼好說三道四的。可是當我親眼目睹了這種用錢的方式後，心中終究還是生出了好多疑惑——為什麼這些人的形象在白天和晚上會有這麼大的落差呢？他們賺錢和花錢的方法南轅北轍，難不成是懂得賺錢卻不知道如何花錢嗎？

其實這和注意力的源頭**「意志力」**（Willpower）有著密不可分的關係。人的「意志力」其實是有限量的，當人們在日常生活中使用意志力，它就會不斷地減少。

我想這些叱吒商場的人們，由於在工作時淋漓盡致地展現了商業手腕，把意志力都耗光了。所以下班後，對於誘惑沒有任何抵抗力，只能在每個當下努力做出判斷。同時，身上有錢也讓他們感到精力充沛。所以他們可以在一個晚上，不眨眼地花掉五百萬日圓，這種行為說是浪費並不為過。

當然，有能力做出這種消費行為的人，在社會上並不多見。然而，這種消費的「運作模式」，其實在一般人的身邊便隨處可見——

- 和朋友喝完酒後，雖然肚子不是很餓，還是去吃了一碗拉麵；
- 忙完一個案子後，當天夜裡，一不小心就在網路上買下了高額東西來犒賞自己；
- 和朋友一起去逛百貨公司特賣會，因為「便宜」、「今天不買就虧大了」等理由，買下一堆本來沒打算買的東西；
- 雖然還在減肥，卻突然失心瘋似地狂嗑起高卡路里的蛋糕。

日常生活中，這種**「獎勵消費」**所花費的金額多寡雖然因人而異，但不論錢花得多少，都是一種無法和未來產生連結的用錢方式。

因此社會上一般都不鼓勵這種「獎勵消費」模式，並帶有警世意味地奉勸世人「錢要省著花」、「從年輕時就要開始儲蓄」。雖然這些坊間格言的內容並沒有錯，可是也因此不知道從什麼時候起，「花錢是壞事」這種形象逐漸深植人心。

這個束縛著人們的概念，其實是對金錢的一大誤解。

如果你腦中有「花錢是壞事」這樣的想法，它將會讓你失去深度思考「如何使用金錢？」的機會。然後你便會將一門心思全轉向：「如何努力賺錢並存錢？」

雖然這不是一件壞事，但希望你了解，**人類是一種抗壓性很差的生物**。若如此壓抑自己，一旦到了某個臨界點，人們還是會掙脫「花錢是壞事」這樣的束縛，透過消費來抒發自身的壓力。

因此，就算你再怎麼認真鑽研賺錢的方法，只要不懂得正確使用金錢，日積月累堆積在心裡的焦躁不安，仍會重複以「消費」（浪費）的方式來抒發，讓你始終留不住財富。

了解上述兩種錯誤用錢的方式真的很重要，我認為每一天當你在花錢時，都該意識到：「這是不是對自己的投資？」並且多去學習金錢的使用方法。如此一來才能「越用錢、越有錢」。

「選擇與集中」，讓花錢變投資

不過，我們當然也不可能將這輩子所有的金錢，全都用於投資自我。

在這裡，**「選擇與集中」**便是箇中的關鍵。

哪裡值得投入資金？應該留心哪一種用錢的方法，才能養成投資習慣？哪樣的花費模式有比較高的可能性，能讓今天花出去的錢，在未來連本帶利地回到自己身邊呢？

當你開始思考上面這些問題時，應該要首先想到「選擇與集中」。

其實，上面這些問題的答案提示，都在我們過去的生活經驗之中。請回想一下在你的人生裡，有哪些是你曾經全心投入的興趣、運動或是工作？

以我自身為例，從幾年前開始，上健身房鍛鍊身體，已經成為我日常生活中不可或缺的一部分。到健身房訓練的成效，用眼睛就看得出來；而且具有邏輯性的鍛鍊方式正合我的胃口。儘管在踏入健身房之前，我是一個很討厭運動的人，可是現在我每天都得活絡一下筋骨才行。

當你發現了感興趣的事物後，不用其他人來告訴你「做這件事能有什麼好處」，你自己就會主動去探究與學習了。

例如，我會知道自己採取某個角度來舉起特定重量的槓鈴時，對哪個部位的肌肉造成負荷，因此能達到鍛鍊的目的。如此透過自己親身體驗，持續進行鍛鍊，所得到的效果，將遠比那些愛運動卻不喜歡進健身房的人來得快速而且顯著，同時也會讓你持續下去的熱情提高。

對於同樣剛接觸高爾夫球不久的上班族來說，有人才打完一場，就愛上了這項運動；有人則是一邊揮桿一邊偷瞄上司，恨不得趕快結束這件苦差事。這兩種人往後在高爾夫球技的成長速度上，肯定會產生明顯的差距。

喜歡高爾夫球的人，會在練習時一邊於腦海中模擬真實場地的情景，並思考、嘗試、修正自己的動作，好讓球技更上層樓。

簡而言之，如果能用相同的成本，爭取到更多的學習和體驗機會，這些回饋將來也都會回到自己的身上。

上述的思考方式，同樣也適用於金錢的使用。

現在你所花出去的金錢，能不能在將來連本帶利地回到自己身上，其關鍵就在於——你是否把錢花在**自身興趣**上。

對於自己喜歡的事物，同樣是花費一萬日圓，你會比其他人更主動去學習，以提高自己的技術含量。這樣的付出在將來，就有較高的可能性為你帶來好處。

因此，**請不要吝惜將金錢投入到自己喜歡、擅長和打從心底想要去做的事物上**。從其他人的角度來看，你的用錢方式對他們來說或許只是一種無謂的支出或浪費，可是你一定會在這個過程中，累積到知識與經驗這兩項財富。而這樣子的投資，將來肯定不會虧待你。

然而，無法將這兩種用錢方法分開來思考的人，只會節儉度日，以避免把錢花在沒有意義的事物上。在他們的價值觀裡，「把錢存起來」才是最正確的選項。

我沒有打算否定這種想法。減少沒意義的支出，讓手頭上有一筆資金也很重要。可是更要緊的，應該是「有了這筆資金後，該怎麼使用」才是。**光是毫無目的地存錢，也是一件沒有意義的事。**

好不容易攢下來的錢，就應該毫不保留地應用在自己最需要的地方。請設定出一個範圍，把資金集中到自己所選擇的特定領域內。如果是為了存到這筆資金所做的省吃儉用，那就有點意思了。

在使用一萬日圓時，有些人會想著如何讓這筆錢來和將來的十萬、二十萬日圓做連結；有些人則只是享受花掉這一萬日圓所帶來的快感而已。

能否將鈔票從「一張紙」，變成一張「有價值的紙」，端看你如何使用它。

POINT

- 花錢時，應該將「浪費」和「投資」分開來思考；
- 放下「花錢是壞事」這種想法，學習如何讓花出去的錢，連本帶利回到自己身邊；
- 利用選擇與集中，毫不保留地把錢用在「喜歡的事情」上。

02 「儲蓄」帶來保障，真的嗎？

說日本人是這個世界上最喜歡儲蓄的民族，一點也不為過。

日本全體國民的儲蓄金額高達九二〇兆日圓，這個數字是日本GDP（國內生產總值）五百兆日圓的一．八倍之多。拿日本一般的家庭金融資產中之現金和儲蓄所占比率與其他國家比較，美國是一四％；歐盟國家為三四％；日本則是五三％，高低立判。

雖然日本人這麼喜歡儲蓄，可是諸多民意調查都指出，仍有許多日本人，依然對未來感到不安。

根據東京之星銀行（東京スター銀）以商業界人士為對象所做的「儲蓄問卷調查」顯示，有八成日本人認為：「儲蓄並非出自明確目的或方向，而是為了以防萬一。」更有約四成的受訪者表示：「沒有特定的生涯規劃。」

從上面的調查結果我們可以發現，日本人在使用金錢時往往沒有經過深思熟慮，只是順理成章地把錢存進銀行裡罷了。

然而，一個人如果沒有自己的生涯規劃，就會像手上沒有地圖，卻抱著保險箱在旅行那般。

不可否認，儲蓄的確能為心理狀態帶來某些正面的效果。

不只是存款簿裡的數字能帶給人足夠的信心。若擁有高額存款、黃金、名車、不動產……，更能讓一個人在舉手投足之間散發出自信，甚至還會因而改變思考和行動的方式。

一個人能否受到異性青睞，其關鍵並非長相、學歷和賺錢能力，而是在於有沒有自信。如果對自己沒有信心，就很難直視對方的雙眼，將「我好喜歡你」、「請和我交往」等想法傳達給中意的人。

相反地，每當要說些重要事情時，眼神就會開始飄移不定，陷入「自己做什麼都不行」的自我厭惡中，連想和對方說出自己的想法都裹足不前。

不只如此，沒自信還會對思考力和行動力帶來負面影響。然而，一旦有機會重拾信心，人們就能自然地說出自己的心意了。

擁有一定資產，確實是讓人恢復自信最快的方式。在情場上，通常只要口袋夠深，就能大幅改善自己的處境。

換句話說，在銀行裡有錢，還是能夠創造一些優勢的。可是當我們所追求的是「金錢和幸福的平衡」時，一味地儲蓄反而無法帶來加分效果。

「儲蓄」就能帶來自信？

當銀行帳戶裡的存款增加，任誰都會在不知不覺中開始走路有風、得意起來。

雖然也有人能透過冥想等方式來加強自己的精神狀態，可是要達到那種境界，得花上一段不短的時間；然而，如果換成是肉眼看得見的資產，馬上就能成為你的精神支柱，讓你昂首闊步。

只是，這裡有件一定得提醒你的事。那就是——**外在物質帶來的自信，充其量只能讓你狐假虎威而已。**

因為當你所擁有的資產成了靠山，你就得擁有它才能有自信。若你陷入這種狀態，就會變成「金錢的奴隸」。你將會為了不讓自己賺到的錢流入他人手中，不斷把錢送進自己的戶頭以守護自身地位，並厭惡一切可能的變化。

就像有不少人在入冬之後，體內的賀爾蒙會發生紊亂，讓身體活力漸失。有一種說法是——這是因日照時間變短，造成人體內血清素減少所引發。

然而血清素不足的問題，其實可以靠跑步等適當運動來解決。換句話說，想要回復身體的活力，明明藉由運動就可以獲得舒緩，可是冬天偏偏又是人們最不想起身運動的季節。

我想說的是——當人們一旦養成某種習慣，得到自我滿足後，就會開始害怕往前踏出新的一步。

儲蓄也是一樣，當你的存款達到一百萬、三百萬日圓等一定額度的數字之後，相信你就會開始想方設法，不讓這個數字降下去，並且在無意識間限制自己不要去花錢消費。

然而事實上，若你想要得到真正的自信，就有必要自主採取行動，並且不斷累積新的體驗。不管成功也好、失敗也罷，親身去體驗在自己動起來之後所產生的結果，都是人生不可或缺的一環。

而想要讓到手的資產真正成為自己的東西，就得進行**自我投資**。那些經過一番周折後得到的自信，不會隨著你的資產減少或喪失而消失。它是在你身上，任何人都無法剝奪的能力——唯有**「能力」**才是自信的泉源。

一毛不拔，最糟蹋金錢

假設現在有一位你從學生時代開始就一直十分支持的國外歌手要來開演唱會，你用盡了各種方法，終於遇到有人願意將開賣後立刻被秒殺的門票轉讓給你。然而由於這張門票是ＶＩＰ特別席，一張要價高達五十萬日圓——那仍是只要你願意拿出部分存款，依舊買得起的金額。

如果這是一場你不去看就會遺憾終生的表演，那麼花錢購買一張五十萬日圓的門票就不算是浪費的行為，而是一種對自己未來的投資。

現在問題來了，你究竟願不願意把存款領出來去購買這張門票，享受一場自己長久以來夢寐以求的現場演唱會呢？你的選擇將會是一個重要的分水嶺。

在演唱會開幕之前，這張門票只不過是普通的紙片罷了。一直要到了演唱會當天，你帶著這張票進入會場時，才能展現出它的價值。

「錢」也是一樣。如果我們不把錢用於選擇與集中，而是把它們存進銀行戶頭裡，那就只是讓數字羅列在自己的儲金簿上罷了。雖然你在心裡萬分渴望去聽這場演唱會，可是卻一邊盼著還有下一次機會，結果可能就這麼錯過了一期一會*的演出而抱憾終生。

錢應該在**正確的時間點**上使用。抓住這個機會，在你的人生中將會創造出比存起這筆錢更大的價值。

再沒有比一毛不拔，像個守財奴一樣不去使用金錢更糟蹋錢的了。

可是大多數的日本人往往被儲蓄的常識所縛，守著自己的銀行存款走向人生終點。根據旭化成Homes（Asahi Kasei Homes）於二〇一三年所做的調查顯示，在日本，六五歲以上世代擁有的繼承資產總額，平均為四千七百萬日圓。

其中，土地和建築物的平均推估金額約在三千萬日圓；存款和股票等金融資產以及人壽保險的平均金額為一千七百萬日圓。

我想其中大部分的情況都不會是——我並沒有特別存錢，該用錢的地方都沒少花，只是剛好留下了這筆錢而已。反之，絕大多數的案例應該是「這些都是我生活中一點一滴，省吃儉用所攢下的積蓄」吧。

你是否也都捨不得把錢花在想做的事情上，於是壓抑自己的心情，把錢存到銀行裡去呢？

這種占了絕大多數案例的生活，真的是你想追求的生活型態嗎？

我真心覺得這樣實在是太可惜了。

我認為「忍耐」其實應該要是為了達到某種目的所做的事。例如，想要減肥的人，就該透過限制食量讓自己瘦下來，以達到心目中理想的身材。

如果你的縮食節衣和儲蓄，沒有帶來任何好處，只是讓你守著一筆錢，那麼，**你究竟是為了什麼而委屈自己**呢？

＊編註：源於日本茶道的成語，衍生意指一生一次的機會，應當珍惜。

如果將這一千七百萬日圓用在正確的時間點，讓自己和家人過得更加幸福，我相信當你走到人生的終點時，所看見的風景一定會完全不同。

與其存錢，你更該存下「努力」

假設你現在每個月都有做定期存款，我想目的不外乎是希望手頭的錢能夠增加一些吧。可是你知道嗎？這個行為反而有可能成為將來你增加收入的絆腳石。

「我存錢的目的是為了要出國留學。」

「我是為了籌備自己開店的預備金才存錢的。」

扣掉上面這些目標清楚、為了個人將來努力存錢的案例不談，我認為**「為了儲蓄而儲蓄」並沒有任何意義**。

如果有錢存進銀行，還不如把這筆錢拿來用更實際。話雖如此，我並不是要勸讀者們像無頭蒼蠅一樣盲目地花錢。

為「明確計畫」而做的儲蓄，是一種能在將來得到回報的用錢方式。但如果你只是漠然地把錢存進銀行裡，儲蓄本身可能會變成你生活中的其中一環或目的，如此一來，你就失去了其他的可能性。

上面我提到的可能性，並非指「能大賺一筆」的機會，而是關乎你個人自我成長。為了能在將來獲得成功、得到理想收入，你非得**投資自己**不可。

特別是對二十到三十幾歲的年輕人而言，比起存錢，更重要的應該是把錢使用在累積自身經驗、體驗和學習上。如此一來才能讓自己成長茁壯，而且將來的投資報酬率也一定非常可觀。

因此不要老想著該如何把錢省下來拿去儲蓄，而應該要為了自己的成長，思考**錢要花在哪裡**。

就打開天窗說亮話吧，假設你今天是一名月收入二十萬日圓（約新台幣四萬四千元），每年可以拿到一百萬日圓（約新台幣二二萬元）獎金的年輕公司職員，就算你勤儉持家，在日本生活一年能夠存下來的錢還是有限的。

那麼究竟該如何投資自己，才能讓好幾年一成不變的薪資，成長到月薪三十甚至五十萬日幣呢？

其實很簡單，就是要去認真地研究，找出當下對自己最有助益的用錢方式，以期將來的豐碩回報。

請拋棄到今天為止，想方設法增加自己存款的想法吧。**該存下來的不該是錢，而是你的努力**。

唯有把錢用在投資自己或其他人身上，才有可能獲利。一點一滴把辛苦攢到的錢

存起來，這種儲蓄行為所能得到的成果，絕對不會超過你目前的薪資水準。而且這麼做，還會讓你失去自我成長的機會，

因此，錢應該投資在自己的身上，把錢花在和自我成長相互連帶的努力中才是正確的選擇。

POINT

- 銀行存款無法為你帶來真正的自信，請把錢花在自我投資上；
- 遇到正確時間點，花錢絕對別猶豫；
- 對二十到三十幾歲的年輕人來說，累積經驗比存錢重要，請花錢學習。

03 捨不得用錢？「金錢螺旋」讓你越花錢越多

對金錢的第三個誤解，就是「錢只會越花越少」這個想法。

前面我已經和你分享了「花錢重在選擇與集中」和「為存錢而存錢毫無意義」兩件事，而在本章的最後，我想向你介紹「金錢螺旋」這個概念。

所謂「金錢的無限螺旋」，簡單來說所指的是——選出自己喜歡的事物，把錢集中投入在這件事情上。以此磨練謀生技能與賺錢技術，然後使其成果反映在收入增長上。

話雖如此，那些囿於一般金錢常識的人或許會嗤之以鼻地認為：「哪有那麼好康的事！」

他們不知道，能夠在「金錢」和「幸福」間建立穩定平衡、過著人人稱羨生活的人，大半都是在這個螺旋的延長線上站穩腳跟的。

金錢螺旋是個「當你把錢投資在喜歡的事物（興趣）上之後，就會為你生財」的機制。它的詳細運作原理請參考表：創造財富的金錢螺旋。

實際的做法為——當手頭有「錢」之後，把它用在自身「興趣」（A）上。把金

創造財富的金錢螺旋

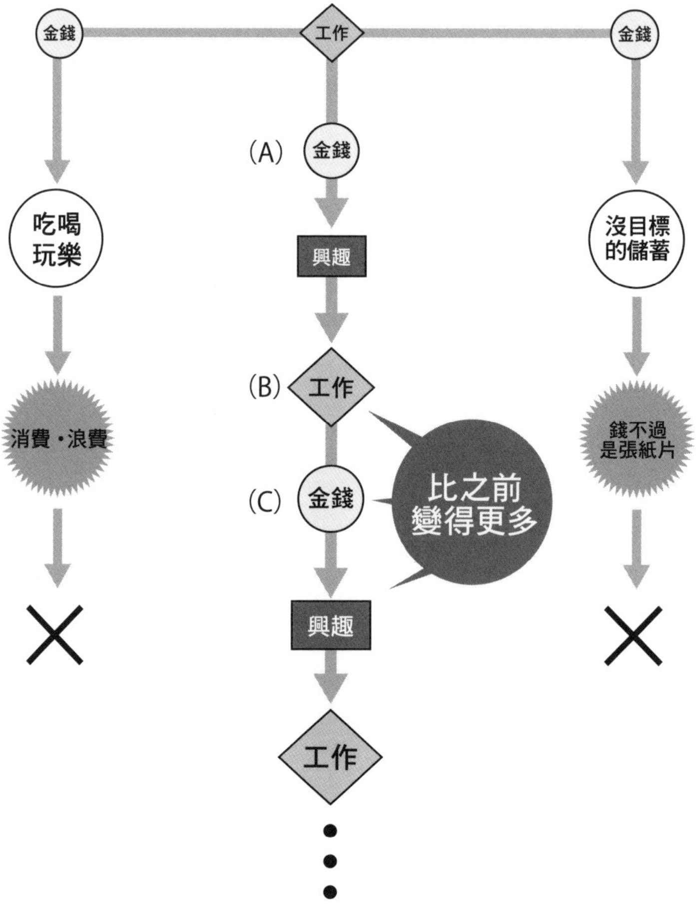

讓「工作」、「錢」、「興趣」
形成一個無限螺旋

錢和時間投入自己「喜歡的事物」，除了可以獲得該領域的知識，還能提高自己的技術值，如此一來，便能進一步和自己的「工作」產生連結（B）。當你的工作能力在職場中無可取代時，你就會得到遠遠高於想像的收入（C）。

只要能連成「金錢」→「興趣」→「工作」→「金錢」，如此順著箭頭繞一圈，你初步的金錢螺旋就完成了。

在此要特別提醒你的是，這個螺旋並不是一次性的。透過螺旋所得到的「金錢」，應該要再一次投入「喜歡的事物」裡（A）。

由於再次投入的金額比之前更多，你便可以更盡情地浸淫在自己的「興趣」之中，並從這個過程獲得知識和技能的進一步提升。

如此一來，交派給你的新「工作」（B），難度和之前相比當然也會有所提升，工作完成後所得到的報酬也跟著水漲船高。如果接著再把到手的這筆錢繼續投入「興趣」（C）的話……。

以上就是透過「金錢」、「興趣」、「工作」所形成的無限螺旋。

金錢螺旋一經驅動，你的收入一定會逐漸增加，自然而然你就不必再為家裡的「開門七件事」操心了。只要不斷將收入投入自己喜歡的事物，你就能從此過著幸福的生活。

為「興趣」冒險，開創你的成功之道

人生如果只有賺錢和花錢，是不會產生幸福感的。如果你去問那些億萬富翁：「你是為了什麼而賺錢的呢？」可能很多人的答案裡會出現「想要過自由的生活」、「不想看別人眼色度日」之類的內容。

賺錢的目的不是為了存錢，而是想讓自己活得更自由，因為錢就是要拿來用的東西——我其實很能理解這種心情。

我在大學時其實曾經研究過應用在人工智能（AI）上的材料。在研究過程中，遇到的「讀心術」（Mentalism），最後讓當時還是大學生的我，以「讀心師」之姿，在電視台節目上亮相。從那之後直到今天，「讀心師」仍然是我的職業。

那時，「讀心術」還沒傳到日本，當然也不會有「讀心師」這個職業，在電視圈裡，一個流行現象的週期往往非常短暫，我的表演很有可能被當成用完就丟的一次性消耗品。

但是我仍選擇相信自己喜歡的事物，繼續堅持走在讀心師這條道路上。雖然現在身邊的人都覺得我的事業挺成功，但每當我回頭檢視過去時，仍然會為當時那個高風險的選擇大捏一把冷汗。

當我鼓起勇氣把「金錢」投資在自己的「興趣」之後，得到了更多知識，於是我運用這些知識獲得更多「金錢」，並再次投入「興趣」。不知不覺間，前方的路就越走越寬了——關於這段經歷，我在第二章會再度詳述。後來，我對上電視節目演出感到倦怠，因為我真正意識到自己「喜歡的事物」是「書本和閱讀」。

於是我開始改變，去創造前文所提的「金錢螺旋」。簡單來說就是——

- 做自己喜歡的事，並持續下去；
- 認真投入興趣，讓它能夠帶來收入；
- 藉由自身興趣所得到的報酬，不要用在沒有意義（與自身興趣不相關）的地方；
- 透過把賺到的錢再投資進自己喜歡的事物，可以磨練技能，為「薪資行情」加分。

世界知名的投資家華倫・巴菲特（Warren Buffett），孩提時就對投資很感興趣。有一則關於他的軼事中提到，他把故鄉奧馬哈（Omaha）圖書館裡，所有書名上有「金融」二字的書，每一本都讀過兩遍。

在從事投資的過程中，巴菲特很享受「思考應該把錢投資在哪裡，並在檢討分析後做出判斷」的過程。從他年輕，直到現在已是近百歲老翁，這種基本心態都未有一刻改變。

幾年前，巴菲特第一次出手投資IT（資訊科技）相關產業時，新聞版面曾鬧得沸沸揚揚，我相信，那也是他經過深思熟慮之後所做的投資判斷吧。

巴菲特雖然透過轉動金錢無限螺旋的巨輪，賺進了幾輩子都花不完的財富，可是他如今仍然住在年輕時所買下的房子裡，過著樸實的生活。

從以上的內容我們可以明白，對巴菲特而言，「興趣」就是「投資」。而且他會將投資中獲利所得的「金錢」，對「投資」進行再投資，並藉此獲得更多的知識與經驗，提高他身為一位投資家的判斷能力。

技術再內化，讓財產取之不盡

透過從事自己「喜歡的事物」所得到的經驗和內化在身上的技術，是任何人都拿不走的。就算久久不用，也不會減損其價值的一分一毫。

因此，越是去轉動這金錢螺旋，你所能得到的機會就越多。然而在現實中，也有些人會選擇中途退出。

就拿專業運動選手的例子來說吧。在日本，要成為一名職業棒球選手，需要通過選秀。能夠受到球團青睞的這些選手們，無不兼具了才華和努力，他們都是球場上頂尖的一群。

這些職棒選手們就是曾經把心力投注在自己喜歡的事情上，並不斷對經驗和技術進行再投資。他們投注在球場上的金錢，最後換得自己優異的表現，從此，職業棒球便是他們賺錢的方式。

然而，儘管同樣身為職棒選手，有些人會在職業生涯中陷入自我成長的困境；有些人則能夠連續好幾次，簽下高達數億日圓的大型契約。

說到棒球，雖然我只是個門外漢，但我相信，那些同樣以第一名之姿被選進球團的選手們，他們彼此在棒球上的才華差距應該不大。

然而為什麼進入了職業球隊之後，選手們的表現會出現這麼大落差呢？我認為其中關鍵和他們是否有持續對自己「興趣」進行再投資有關。脫離高中棒球，進入領薪水的職棒世界後，選手們是否還能把賺到的錢，拿去對自己喜歡的棒球進行再投資，將成為之後職業生涯成功與否的分水嶺。

那些能夠長年留在棒球場上發光發熱的選手們，隨著年齡增長，會聘請專屬教練和營養師，努力讓自己的體能維持在最佳狀態。

相反地，有些年輕選手在拿到高額簽約金之後，就開始過起花天酒地的生活，如此一來，技術當然不會進步。

某些一流的職棒選手，儘管給人放浪不羈的形象，但他們在享樂之餘，並沒有忘記對自己的老本行進行再投資。

邁可・桑德爾（Michael Sandel）*教授在他頗受好評的授課中，曾經說過大意如下的一段話：**「所謂自由，就是遵循自己的法則採取行動，換句話說，就是自律。」**

正如桑德爾教授所言，我也不認同「自由」意味著「想做什麼就做什麼」，而是每個人都應該「選擇去過自己想過的人生」。

為了自律，我們需要去賺取一定額度的金錢，它是為我們實現理想人生的一種工具。

我想，人生最重要的目的不在於賺得比別人多、過多享受多奢華的生活，或是把更多錢存進銀行裡。而是可以去做自己喜歡的事，無悔地度過這一生吧？

讓獲利源源不絕的「興趣投資」

一般人很容易有這樣的迷思——為了多賺或多存一點錢，必須犧牲自己「喜歡的事物」才行。

或者會不斷想：「沒有任何工作是輕鬆的，如果想賺錢，就要忍耐，就算是不想做的事也得去做。」、「把錢花在自己喜歡的事情上，一下就花光了。所以如果想要存錢，還是要犧牲一下。」

其實，真正的情況正好相反。

請不要忍耐，乾脆地把錢投入自己的「興趣」之中吧！如此一來，花出去的錢「攜家帶眷」回到你身邊的機率反而更高。

當然，也有部分的人選擇吃苦耐勞的賺錢方式，並且固定地把錢存到銀行戶頭裡。這種生活方式或許在某個層面上，也可以說是成功的。只不過，這種做法有其成長界限。

為什麼我會這麼說呢？因為真正成功的一流人士，每一位都是打從心底樂於自己工作的。

把全身心的精力都投入到自己「喜歡的事物」上，然後從工作中賺取應得的報酬（金錢），就可以自然地讓成功持續下去。

只要去問任何一個人：「你想做自己喜歡的事，在享受工作樂趣的同時賺到錢？還是一樣賺到錢，但做得苦哈哈呢？」我想不論是誰都會選擇前者吧。

找到自己喜歡的事物，磨練它的技能，然後用它來幫自己創造財富；將得到的收

＊譯註：美國著名政治學者、哈佛大學教授。在哈佛大學有開設「討論正義」的通識課程，多年來受到哈佛學生的喜愛，歷屆選課人數已達萬餘人。

入進行再投資，進一步深化自己喜歡的事物——這便是我們所期待形成的金錢螺旋。

為了進入這個循環，首先我們必須知道什麼是「正確用錢方法」，改變目前你每天慣習的花錢方式；接著再次確認自己「喜歡的事物」。

在接下來的第二章裡，我會和你分享，如何找到並確認你心中「有潛力興趣」的方法。第三章後，我則會就自身「如何利用喜歡的事物，創造獲利機會」為例做說明，為你介紹具體實踐的方法。

POINT

- 不要為了省錢和存錢，犧牲了自己「喜歡的事物」；
- 賺錢不是為了存錢，而是要用它來讓自己過上自由的生活；
- 打造「金錢」、「興趣」、「工作」不斷循環的無限螺旋，讓自己不再為錢所苦。

專欄

「雙曲貼現」，引人深陷誘惑的惡因

人類普遍有一種傾向，認為在時間和空間上比較靠近自己的事物有較高的價值，而且會因此想要獲得它。

這種傾向被稱為**「雙曲貼現」**（Hyperbolic Discounting），借用行動經濟學理論的話來說，就是「人類會優先處理較近未來的事，而非較遠未來的事」，這是人類心智的運作方式。

例如，有些正在減肥中的人，之所以會受不了眼前甜點的誘惑，是因為在那個當下，他覺得擺在面前的蛋糕，比三個月後穠纖合度的體態來得更有價值。

不管任何時代，總是有人只為了追求眼前利益，成為騙子們的俎上之肉。這些都是「雙曲貼現」活生生的實例。

若今天給你兩個選項，一是現在立刻給你一萬日圓；二是下個星期給你一萬五百日圓，你會選擇哪一個呢？

雖然從經濟合理性的角度來看，正確的選擇應該偏向後者，可是大部分的受訪者，會選擇的卻都是前者。你可能會納悶，難道大家都不明白這個道理嗎？然而究其原因，雙曲貼現原理於此的解釋是——人們內心容易感受到「距離自己較近的事物」有比較高的價值。

這種心智的運作，有時便會成為我們對「喜歡之事物」與「擅長之事物」進行選擇和集中時的障礙。因為當我們把錢投入到「喜歡的事物」上，開始要轉動金錢螺旋時，也可能有另外一件事同時發生。

要知道，知識、資訊、技術和人際網路等之形成，都絕非花錢就可以在一朝一夕間完成的事，當你能夠深切感受到「自己在特定領域上的知識和技能，確實獲得了長足的進步」時，通常已經是投入開始之後一、兩年，甚至更久後的事情了。

如果當下，在你的面前出現了可以讓自己獲得立即喜樂或歡愉的事物，有多少人真的能不受誘惑左右呢？

普遍來說，想必是花錢買享受比較吸引人吧。比起遠在天邊的成果，人們更容易敗在眼前慾望的引誘下。

想要遠離危險的「雙曲貼現」心理，我們就必須先了解它的運作方式，並養成習慣不斷去確認自己所做所為，看是否又落入「短視近利」的陷阱。另外還有一點很重要，就是要以「長期的視野」來檢視，什麼對自己來說才是最要緊的事。

CHAPTER

2

「心流體驗」，啟動「金錢螺旋」的金鑰

01「興趣」連動「收入」，打開「金錢螺旋」第一步

若想要把錢用在自己的興趣上，首先你就必須先知道什麼才是真正值得自己投資、「打從心底喜歡」的事物。我們究竟該怎麼做，才能找到「打從心底喜歡」的事物呢？

接下來就以我自身經驗為例，分享我是如何發現它的。

從孩提時，我就喜歡閱讀。

由於祖父母都是愛書成癡的人，我家堆滿了各種文學、哲學類的書籍，說我是在「四壁圖書」中長大也不為過。或許在這樣環境薰陶中成長的我，會喜歡上閱讀只是一種人生的必然也說不定。

然而我其實直到幾年前，才真正意識到自己喜歡書本和閱讀，而且想要「盡可能利用有限的金錢和時間，透過閱讀來獲取知識」。

於是我曾公開發表過「讀心師引退宣言」。

我過去以讀心師身分，在電視台節目表演時，總被密集的行程追著跑，經常連好好睡一覺的時間也沒有。因為需要不斷演出，每天壓力都非常大。

這樣的生活過了一陣子後，我開始不明白自己究竟是為了什麼而上節目，也搞不清什麼才是自己真正想做的事情。雖然我是能解讀別人內心、進行誘導的讀心師，但卻無法掌控自己的心靈。

當壓垮駱駝的最後一根稻草出現，心裡千瘡百孔的我毅然選擇退出江湖，過著隱居的生活。

做了這個選擇之後，我開始過起和之前截然不同的日子。在電視台工作時，身邊總是簇擁著一群人，如今他們的身影一個也見不著。我的工作量隨之驟減，曾經有一個月裡完全沒有任何邀約。

突然多出了這麼多時間，使我不由地開始去認真思考：「什麼才是自己最想做的事？」、「做什麼能讓自己打從心底感到高興？」

在我左思右想後，得到的答案只有一個——「讀書」，因為那是我覺得最幸福的時刻。

如何用「興趣」創造收益？

找到「最幸福的事」之後，我進一步修正了自己的生活方式，開始把「讀書→獲取知識」當成生活核心。選擇工作時，我也把重心移到那些能夠活用我最喜歡之「書籍和知識」的事情上。

那個時期的我，謝絕了大部分電視節目的表演；開始在公司企業裡擔任顧問或講座講師；偶爾也會寫些文章；或在 niconico 動畫網站上，製作「公開解說心理學」的短片。

分享從閱讀中得到的知識，成為我工作的重心。

目前我偶爾還是會答應上一些電視節目演出，但前提是，這些演出的內容都要是「我真正喜歡」、能夠為我加分，而且不會引起爭議的才行。

「書本」和「知識」是我的摯愛。

當我從心理學、腦科學和行動經濟學中，學習到關於人類心理、生理及行動的知識時，總能感受到強烈的喜悅。

時間充裕的時候，我會利用速讀法在一天之內讀完二十本書，然後天天都上亞馬遜（Amazon）買書。頻率之高，甚至讓我和貨運的小哥都成了好朋友。

每天除了讀書，剩下的時間我會用來和家裡的貓一起玩耍，然後上健身房鍛鍊身體。對我來說，能過上這樣的生活，我已是夫復何求了。

就這樣，在人生的某一個時間點，我把身上所能使用的資金盡可能投入到「知識」上。不久之後，這些「知識」便開始為我創造出金錢的實質收益。

例如我目前在 niconico 動畫網站（http://ch.nicovideo.jp/mentalist）中，有一個付費會員可以收看的節目。在這個節目裡，我把自己從書中吸收到的知識加以整理後分享給觀眾。

把學習到的知識做整理，讓它內化為自己的東西，這件事其實我平常就在做了，並不是為了 niconico 動畫網站而刻意為之。只是剛好有一個機會，讓我開始嘗試在這個網路平台上公開影片而已。

令人感到意外的是，我在節目中分享：「有位心理學家，在書中提出了這樣的理論，應用這個理論可以得到以下效果……。」得到許多網站用戶的好評，而我在節目中提到的書籍，更是本本銷售量激增。

因此，我的訂閱會員人數以每個月二〇%左右的速度增加，在短短十一個月內，我成為「niconico 頻道」的風雲人物，名列收費會員人物的前三十名。

從這個網站裡得到的收入十分豐厚，它讓我在為了獲取新知，買了一大堆昂貴的書籍之後，手頭還是相當寬裕。其實我除了購買書本之外，也沒有想過要過多麼奢華的生活，所以錢也自然地不斷累積下去。

從我的例子可以看到——把金錢投資在「知識」這件我「真心的興趣」之後，「知識」為我帶來了遠遠超過當初我所投入金額之財富。

鎖定「金錢」和「時間」的使用方式

最近，一些不同業界的經營者紛紛來找我談合作。

例如Genesis Healthcare這間從事基因檢查的股份有限公司，便請我以顧問身分，協助他們開發產品與擬定策略。這間公司開發的自我分析基因儀器GeneLife Myself，藉由從唾液中採集到的基因，可以分析檢測者的性格和心理狀態。

IGNIS股份有限公司則是開發出一種稱做「with」的演算法，用來幫助使用者找到個性和自己相符的另一半。

還有一些公司會找我擔任顧問，希望我利用心理學技巧，讓他們的顧客成為自家產品的「忠實粉絲」。「過去曾經鑽研過心理學」這項經歷，甚至還讓我當上新潟康復大學（リハビリテーション大学）的特任教授。上課之餘，我也會針對學校的科系成立和宣傳戰略提出建言。

為什麼這些公司行號、教育機構會找上我呢？

因為我身上有他們想要的「知識」。說得更精確一點，他們看上的是我能將這些獨立知識加以整合，並使其效用最大化，然後進行實際應用的能力。而這就是我在他們眼中有價值之處。

我從很早以前就喜歡書籍和閱讀，知道「自己能夠掌握的，只有書本和知識而已」。因此，當我決定「盡可能將有限的時間和金錢投入其中」之後，眼前的道路反而越走越寬。

若你想要徹底改變人生的機會，重點就在於毫不保留地將金錢和時間都投入到你所做的「選擇和集中」裡。如果我的知識只是半瓶水，我想就不會有任何人來找我談合作了。

確認「喜歡」等級，找到「賺錢王牌」

找到自己「興趣」（選擇），將錢投入在其中（集中），才算真正開始轉動金錢螺旋。

對我而言，當然是書本和知識啦。

可是在現實生活中，許多人連踏出這個第一步都有困難，因為他們並不清楚自己的興趣是什麼，有更多的人則是仍困在尋尋覓覓的過程中。

本書到目前為止，我的預設是以「每一位讀者都知道自己興趣是什麼」為前提，所以才會不斷強調「把錢用在自身興趣上」。但實際上，不清楚自己到底喜歡什麼，依舊安然度日的人占了絕大多數。

其實要找出自己的「興趣」，並非一件簡單的任務。

這裡首先要來導正視聽一下，本書中所謂的「喜歡」，並非「我喜歡吃拉麵」、「我喜歡宅在家裡」或「我喜歡長得可愛的孩子」這種層次的「喜歡」。

而是「就算花一輩子的時間在這件事情上也不會感到厭倦」、「就算天底下的人都反對我或笑我傻，我還是不會改變初衷」或「就算必須失去所有的現金和財產，我還是想要得到它」這種等級的喜歡。

正因為這是你最感興趣的事物，所以你自然會願意不惜一切代價、全心全力地投入它。

各位親愛的讀者，到目前為止，你是否擁有像上述那般明確的「興趣」呢？如果答案是斬釘截鐵的「有」，那麼別客氣，你可以立刻跳過第二章的內容，直接從第三章讀起。

但如果你是那種「雖然有興趣，但還不到真心喜歡的程度」或「其實從來沒有認真思考過，自己的興趣是什麼」的人，接下來的內容對你來說很重要，請務必認真讀下去。

下面我設計了幾個問題，藉由分析這些問題，在接下來的閱讀過程中，你的「興趣」之輪廓會逐漸地清晰起來。

轉動金錢螺旋的四大步驟

首先來複習一下前面的內容，所謂的金錢螺旋就是「選擇自己的興趣，把錢投資在這件事上；然後再將利用它賺到的錢，進一步選擇與集中，提高自己的收入」這樣的模式。

簡單來說，想要轉動金錢螺旋，一共有以下四個步驟——

- **步驟零**：找到自己「真正興趣」；
- **步驟一**：徹底投入於自己的「興趣」之中；
- **步驟二**：想方設法將「興趣」和「收入」做連結；
- **步驟三**：從「興趣」中得到收入，再投資。

第二章的內容將針對「步驟零」和「步驟一」做解說。我希望各位讀者注意的地方是，在步驟一之前，還有個步驟零存在。雖然是老調重彈，但我在這裡還是要再強調一次，步驟零才是最不容易克服的難關。

當你被其他人問到：「你真心喜歡的是什麼？或者對你來說，什麼是『假使能夠做到，我便此生無憾了』呢？」如果你回答不出來的話，就得先從找出問題的答案開始下手。

去思考如何將「金錢」投入到自己的「興趣」，或是該如何才能把「興趣」和「工作」做連結等，都是下一個步驟才要來討論的事情。

閒話休談，就讓我們趕快進入轉動金錢螺旋的步驟零，從幫助自己「找出興趣」的關鍵問題開始吧。

POINT

- **用金錢增加知識，獲得的回報無限量；**
- **轉動金錢螺旋四步驟，從找到「興趣」開始。**

02 賺錢王牌如何找？「心流九問」有答案

接下來我準備了「九個問題」，要來幫你找出「興趣」所在。

這「九個問題」每一道都是針對你目前的工作提出。這樣設計是有原因的，畢竟若能從**目前的工作**中，發現可以成為金錢螺旋的「興趣」，那會是最實際的做法。

如果今天的情況是，對你來說「喜歡到任何代價都在所不惜的事物」和你如今從事的工作八竿子打不著任何關係，那麼當你意識到這一點時，人生方向可能就需要大幅度的修正——然而，這在實行上是一個比較不切實際的選項。

拋下一切既有的基礎，從零開始展開新的事業，而且還要能掙得到錢，要做到這件事並不容易。所以，最好還是從已經到達某個程度和熟悉度的領域中，找出自己的「興趣」（或是進行再確認），進而提高這項技能，會比較切實際的。

我在後文會再提到，活用**「心流」**（Flow）這個以心理學理論為基礎的概念。你將得以把目前藏於工作中的「興趣」，發展為「喜歡到不惜投入任何代價的事物」。

接下來，請你在腦中回想一下每天過日子的方式，還有自己在工作時的模樣，然後用「是」或「否」來回答下面問題，作答時請不要想太多，要靠直覺快速作答。

九個問題，立即判斷目前的工作
是不是自己「真正興趣」！

□ 1、你可以不假思索回答出，自己工作的目的嗎？
□ 2、工作時你能夠全神貫注嗎？
□ 3、你曾有過於工作時，整整半小時完全對外境沒有產生任何反應的經驗嗎？
□ 4、上班（有工作）的日子，是不是總覺得時間過得特別快呢？
□ 5、你能夠立刻說出，從目前工作中所得到的成果嗎？
□ 6、你的工作內容是否經常面對未知的挑戰？
□ 7、你是否能夠感受到，工作的日程安排和內容都是由自己掌控的呢？
□ 8、你的工作場域是否不易受到其他人打擾？
□ 9、如果每個月都能平白得到一筆和你目前工作收入一樣多的進帳，你還會繼續從事目前的工作嗎？

關鍵一題，看你是否找到「天職」

你完成了嗎？一共回答了幾個「是」呢？

原則上，九道問題的回答都是「是」，或一個「是」也沒有的人是不存在的。得到七～八個「是」的人是少數族群，三～四個則是平均值。

若你有五～六個「是」，表示透過目前工作能得到相當的滿足感。相反地，如果只回答一～二個「是」，建議不妨將「轉職」一事放在心頭，然後繼續閱讀本書。

在這九個問題中，其實有一道「特別題」混跡其中。你知道是哪一道題嗎？

不賣關子了，答案是第九題——如果每個月都能平白得到一筆和你目前工作收入一樣多的進帳，你還會繼續從事目前的工作嗎？如果你的回答為「是」，其實代表你已經找到「喜歡到不惜投入任何代價的事物」了。

因為這正表示你已將「價值」置於自己目前所從事的工作上。就算現在看起來，可能還沒有那麼地「喜歡」，但只要對現在的工作進行深入且專注的探索，你終究能夠完成屬於自己的「金錢螺旋」。

說穿了，只要第九題的答案為「是」，剩下的八道題目，不管回答什麼都無關緊要了。能夠找到這樣的工作，實在令人稱羨。

對第九題回答「否」的人也無需灰心喪志，我們可以藉由提高其他題目「是」的數量，將目前的工作，慢慢朝「喜歡到任何代價也在所不惜」這樣的理想靠近。

特別是，如果你在目前的工作崗位上還沒有做滿三年的話，很有可能尚未體會到箇中樂趣。雖然日本有「石上三年」*這句俗諺，可是相信你也經常看到在很多情況下，許多人因為職場環境或人際關係問題，被搞得無所適從，沒辦法從工作中發現樂趣，結果和他原本可能相當適合的工作機會失之交臂。

事實上，找到工作後立刻辭職的年輕人，通常待在下一份工作的時間也不會太久，有著「不斷轉換工作」的傾向。這些「經常換工作的人」（Job Hopper）就算原本有機會發現自己的天職，也都親手扼殺了那些可能性，真是令人十分惋惜。

就算第九題的答案是「否」，只要你還有三~四個「是」，便可對目前的工作設定個為時一年的觀察期，在這段期間，努力嘗試喜歡上目前的工作。如此一來，你還是有機會在過程中，找到「喜歡到在所不惜的事物」，改變自己的工作歷程。

「衝動離職」風險高，「事前計畫」更有保障

對於「如果每個月都能平白得到一筆和你目前工作收入一樣多的進帳，你還會繼續從事目前的工作嗎？」這個問題，就算你的回答是「否」，也請不要因此就在職場

上輕舉妄動。接續上一頁的話題，我之所以阻止你的第二個理由是**「伴隨風險」**。

假設現在你有一個「願意全心投入的興趣」，在將來也希望能用這個興趣，打造屬於自己的金錢螺旋。雖然我很認同這個想法，但是如果為了實現這個夢想，你必須立刻辭職、離開自己目前的工作崗位，這樣需要擔負的風險實在太大了。

「追求興趣」固然重要，但如果連保障生活基礎的收入都成了問題，想完成自己的無限輪迴，也不過是癡人說夢罷了。

就算你已經在興趣世界裡找到了「真愛」，所以對第九個問題的回答是「否」，也應該先繼續手頭上的工作，然後再逐漸分散收入來源——這才是明智之舉。

究竟如何透過自己的興趣來獲得收入呢？首先，我們必須找到賺錢的方法才行。具體的內容我將在介紹「步驟二」和「步驟三」時說明。

就算真的要辭職，等到興趣已經足夠成為你收入的來源時再離開也不嫌遲。乍看之下，毅然決然離職，為了一心投入自己的興趣，是非常地瀟灑；然而實際上，卻危機四伏。最後甚至還可能會落得兩頭空的結果。

賓夕法尼亞大學的亞當・格蘭特（Adam Grant）教授曾經在他的著作《反叛，改

＊譯註：就算坐在冰冷的石頭上，只要三年，一定可以將石頭給坐暖。衍生意為「只要忍耐，一定會成功」。

變世界的力量》（*Originals*）*中提到，「保留正職並以副業方式來創業的人，其破產風險比「離職創業」的人少三三%。

換言之，在你的興趣還不成氣候之前，擁有一份正職而不是離職，對你來說是更為理想的做法。

我現在偶爾還是會上電視節目表演的原因也在於此。我認為維持自己的知名度和能見度，對於我最看重的工作也能帶來正面加分效果。**想要打造自己的金錢螺旋，事前計畫不可或缺。**

心流體驗，進入忘我的專注狀態

其實包含第九個特別問題在內的所有題目中，都隱藏了一個共同點，那就是它們無不和「心流」這個理論有關。

「心流」是由美國心理學家米哈里·契克森米哈伊（Mihaly Csikszentmihalyi）所提出的理論。**「心流」所指的是，在人們從事某件事時，因為全神貫注，所達到的精神集中狀態。**

是否產生「心流」，可以用來當成找出自己「真正興趣」的衡量基準。與此同時，發生「心流」的狀態也是讓你喜歡上某件事物的重要關鍵。

話雖如此，「心流」其實並不是什麼晦澀難解的理論。其實在你到目前為止的人生中，我相信可能已經感受過好幾回心流體驗了，例如——

- 小時候一拿到電視遊樂器的搖桿就忘了時間，玩到天都黑了，才被生氣的父母痛罵一頓；
- 每天都在引頸期盼發售日趕快到來的書或漫畫，才剛到手就迫不及待地啃讀起來，過了一、兩個小時也渾然不知；
- 校慶活動前一天，興奮地和朋友一起投入準備工作，明明感覺才過了一會，沒想到已經是放學回家的時間了；
- 享受和情人約會的喜悅時，完全忽略了周圍人群的目光，現在回想起當時在大庭廣眾下卿卿我我的行為，真想挖個洞跳進去；
- 手頭上的案子快接近結案期限了，當全心投入在這項工作時，甚至連辦公室的電話鈴響了都沒有察覺，同事看到無不啞然失笑。

就像上述所舉的數例，我想你一定多少也體驗過，全心投入一件事情時，那種「時

＊譯註：姬健梅譯，平安文化，二〇一六。

光飛逝」和「忘我專注」的狀態。

這就是所謂**「心流體驗」**了。

一個人在從事自己興趣時，往往比較容易進入心流狀態，這是任何人身上都具有的天性。

在目前你所從事的工作或作業中，有沒有哪些部分，能讓你進入心流狀態呢？如果有，你可以用它當成衡量「我真的喜歡這件事情嗎？」或「我有可能會喜歡上這件事情嗎？」的標準。

POINT

- **現有工作中有蛛絲馬跡，活用「現況九問」，可重新探索自身興趣；**
- **就算找到了「真心喜歡」的興趣，也請不要立刻離職。**

03 「討厭卻得做」，絕不會帶來成功

說到這，相信你已經知道，從事自身興趣時，比較容易進入心流狀態。但或許有人會說：「在我目前的工作中，實在很難找出哪個部分有讓我體驗心流狀態的機會，怎麼辦？」

其實，有時候雖然當事者沒有實際感受到「喜歡」的感覺，但那件事卻非常地適合他。

另一種相反的情況是，你覺得自己感興趣，但也有可能只是想太多了。像我就曾見過，有人對單純又機械性的作業充滿工作熱情。

接著就讓我們來看看，契克森米哈伊從他的研究結果中，總結出的「容易進入心流狀態之條件」。

他指出構成心流體驗的條件，共有八個要素，分別為——

❶ **明確的目的**：明白自己是為了什麼而去做某事，有明確的目的。知道要實現這個目的所需要的方法，並能夠在某種程度上預測行為的結果；

❷ **集中**：能在眾多選項中做出選擇，並將時間和金錢集中投入一件事情；

❸ **自我意識下降**：進入忘我的狀態；
❹ **時間感消失**：做某件事情的時候，總覺得時間過得特別快。對時間的感受有種被壓縮的感覺；
❺ **即時的回饋**：解決一項課題後，能夠感受到即時的回饋；
❻ **合適的難易度**：正在從事的項目不會太難，也不會過於簡單，難易適中；
❼ **有能夠掌控全局的感覺**：能夠正確掌握目前正在從事之事的狀況，知道自己有能力將這件事引導至期待的方向；
❽ **能夠找出活動本身的價值**：獲得報酬並非參與這項活動的主要目的，而是能發現這項活動本身具有的價值。

除了上述八點，下面這點也很重要——「不會被閒雜人等打擾的環境」，請確保不會有突如其來的電話等外在干擾。

目的明確，更能樂於完成任務

心流體驗八個構成要素中的第一項是「明確的目的」。

如果我們能夠明確知道自己正在做的這件事之目的，了解實現這個目標所需的方法，而且在某個程度上，去預測採取行動之後可能得到的結果，這樣你就很容易能進入心流的狀態。

在上一節的九個問題中，第一題「你可以不假思索回答出，自己工作的目的嗎？」和第七題「你是否能夠感受到，工作的日程安排和內容都是由自己掌控的呢？」都和**「明確的目的」**有關。

如果你能理解自己目前的工作、正在投入的項目或執行中作業的目的，那麼在做事時，集中力自然就會提升。

同樣地，如果能夠確實掌握好自己的企劃內容或交貨期限前的所有日程，也會比較容易進入心流狀態。

如果你第一和第七題的回答是「否」，可以試著分析原因到底出在哪裡。說不定只要再次向上司確認作業內容和設定交貨期的事由等，或許就可以收到「讓目的明確化」的效果。

重點其實並不在於你能否掌握工作整體的「明確目的」或擁有「確實掌控日程的感覺」，而是在經過如此細分化的環節之後，於你本來所負責的項目裡，能否體驗到心流。

持續累積這樣的體驗，你就能以愉悅的心情去處理自己的工作了。

「興趣」，藏在你的「專注時間」裡

如同「選擇與集中」提過的，我們應該要在眾多事項中做出選擇，然後將時間和金錢集中投入到該選擇上。

「集中」和九個問題中的第二題「工作時你能夠全神貫注嗎？」有關聯。這裡所謂的「集中」，是針對自身「興趣」和「拿手領域」。是一種能將「注意力」和「能力」強力發揮出來的狀態。

許多坐辦公室的上班族，都過著朝九晚五的生活，上班期間究竟有無集中心思在工作上，不在這裡的討論範圍內。

關於「集中」其實有許多不同的說法。有一說是，人類集中力的極限是九十分鐘——當然有不少人在還沒有到達九十分鐘前，集中力就渙散了。

想要在上班期間，一直保持高度的集中力，事實上是不太可能做到的事。因此如果你第二題的答案是「否」，或許可以換個方式再問一次：「在你的工作中，有沒有能讓你感受到自己正集中精神處理的作業內容呢？」

例如：「在製作資料的三十分鐘內，我可以目不斜視，全神貫注在這件事情上。」諸如此類的情形皆可。只要對工作流程的其中一部分，曾擁有專心投入的經驗，第二題的答案就可以改成「是」。

在這項你能夠集中精神的作業裡，很可能就隱藏了你所擅長的事物。有些人喜歡自己動手的工作；有些人會在和他人對話時，開始整理腦中的資訊。不管是哪一種人，只要從事自己擅長的事，就能達到精神集中的狀態。

以我為例，讀書不但是我最擅長的事情，也是精神最能集中的時刻。**若你想找出在工作中能夠「集中」的「作業內容」或「時間帶」，就必須知道自己擅長什麼**。然後進一步去發揮你的長處、擴大你擅長領域的幅度，如此一來，你就能將個人的喜好擴展到整體的工作上。

無聊的人度日如年，快樂的人卻光陰似箭

心流體驗的第三項是**「自我意識下降」**——簡單來說，就是進入忘我狀態。

例如在電影院裡聚精會神地享受一部電影時，在那個當下都不會有多餘的心思，去對自己進行諸如「我正在電影院裡高興地看電影」這類冷靜的分析。你反而會全心沉浸在電影的情節中，彷彿自己也成為故事裡的一角。能夠發表觀影感想說「這部電影實在太有意思了」，通常是看完電影之後的事了。

在九個問題中，「自我意識下降」和問題三「你曾有過於工作時，整整半小時完

全對外境沒有產生任何反應的經驗嗎？」相互關聯。

自我意識下降，是比集中再更深一層的階段，例如一頭栽進工作中時，要不是一旁的同事和你搭話，你甚至不知道已經「入定」多久。雖然「自我意識下降」和接著要談的「時間感消失」之間也有關聯性，但它並不是那麼容易就出現的。

因此，關於第三個問題的答案，建議你可以將時間的範圍擴大到「一個月之內」，再回頭重新想一下。

當然，那些能夠讓你全神貫注到忘我的作業內容，一定和你擅長的領域有關。

「時間感」能幫你找到「興趣」所在

同樣的一個小時，你可能在做A事的時候覺得時間過得好慢；但是做B事的時候，卻覺得時間過得超快，這就是所謂的「時間感消失」。

人們對於時間的感覺是會產生變化的，時而覺得漫長、時而覺得短暫。在九個問題中，時間感消失和第四題「上班（有工作）的日子，是不是總覺得時間過得特別快呢？」有關。

當人們被要求去處理自己認為很無趣的事情時，就會覺得時間過得特別慢。反之，如果今天你做的是能集中精神、全神貫注完成的事，就會覺得時間過得特別快。

若你熱愛自己的工作，那麼上班的日子應該也會覺得時光飛逝。所以如果你的第四題答案為「是」——在工作中，你確實能感覺到「時間感消失」的話，恭喜你，你已經找到自己的「最佳興趣」了。

「即時回饋」，誘人樂於挑戰的秘訣

心流體驗八要素中的第五項是**「即時的回饋」**。

回饋速度指的是，當我們採取行動之後得到反應的快慢。通常來說，自己所做的事情，如果能得到立即的反饋，人們會比較容易進入心流狀態。

這也是為什麼孩子們會對角色扮演類遊戲*如此著迷的原因。在角色扮演遊戲的設計中，挑戰最後的大魔王之前，總要先克服重重難關。每通過一個考驗，就能得到特殊的道具和寶物，然後再往下一個階段邁進——就是這個迅速回饋的機制，讓遊戲中的孩子們欲罷不能。

在九個問題中，「即時的回饋」和第五個問題「你能夠立刻說出，從目前工作中

---

* 譯註：Role-Playing Game，簡稱 RPG。

所得到的成果嗎？」有關。

可是現實的工作畢竟不是遊戲，我們很難有「自己每一天都在進步」的感覺。雖然每一樣工作的性質各有不同，但能夠立刻得到明確成果的工作應該為數不多。真實世界和角色扮演遊戲不一樣，沒有具體又即時能得到的道具可以裝備在自己身上，伴你往下一個關卡前進。

儘管如此，我們還是有辦法在工作中去感受「即時回饋」。

做法很簡單，就是**有意識地去設定許多小課題**。如此一來，每當你解決一個課題，就能感受到小小的成長。

在健身房鍛鍊身體時也一樣。由於每天的訓練內容，其實不過是重複些基本功的動作。從踏進健身房開始的第一天算起，到能親身體驗「肌肉組織明顯產生變化」、「體態和從前不一樣了」，需要一段時間的等待。

因此我在健身房鍛鍊時，每次都會記錄下自己能夠舉起特定重量槓鈴的次數。確實不可能在每一次鍛鍊後，都感受到肌肉組織的改變，但是透過記錄每次舉起的槓鈴重量和次數，我可以知道自己在「這個重量，比上回多舉了一次」、「槓鈴的重量可以再增加二·五公斤」。

只要像這樣將課題加以細分，就能加快原本回饋較慢的事物。

這種課題設定的方式稱為**「小目標」**（Small Goal）。如果你既擁有長期的大目標也有短期的小目標，就比較容易進入心流狀態中。

難度太高，最讓人提不起勁

心流體驗的第六項是**「合適的難易度」**。

一件你正在著手進行的事情，不會難到讓你沒有下手處；也不會讓你太過輕鬆過關，這個程度就是「合適的難易度」。人心相當麻煩，事情一簡單就感到無聊，太困難又會使人望而卻步。

唯有難易適中，才能讓人進入心流的狀態。

什麼樣的難易度可以算是「合適」呢？前蘇聯的心理學家李夫・維高斯基（Lev Vygotsky）在他關於學習效果的研究中如此定義：「已知的部分占一半，未知的部分占一半，在這種狀態下，人們會達到最好的學習效果。」

就拿製作培根蛋麵來舉例吧，雖然大部分的人都知道它的製作方式（已知），可是唯有當我們去思考「該怎麼做才能端出一盤讓親朋好友眼睛為之一亮的佳餚？」（未知）時，才會發揮出最佳的表現能力。

「合適的難易度」和九個問題中的第六題「你的工作內容是否經常面對未知的挑

戰？」有關。

不斷處理大同小異的文書作業，會磨損一個人對工作的熱情和新鮮感。雖然維高斯基說過，已知和未知的部分，最好維持在五：五，然而在現實的職場中，我們不太可能把一半的工作內容，都置換為自己不熟悉的領域。

我的做法是，有意識地去維持**八：二**的比例關係。也就是**將作業內容和工作時間的兩成分配到「未知」的部分上**。就算實際在執行上有困難，只要腦海中有這樣的想法，也能改變整體的工作，為其注入新鮮感。

只要你願意接受**「改變二〇%」**的挑戰，就能活化你的腦內狀態。

工作中的「個人主體性」，重要嗎？

心流體驗的第七項要素是**「能夠掌控全局的感覺」**。

如同文字內容所述，這是一種「自己能夠正確地掌握目前正在著手進行之事項，並且掌控事情發展，讓它朝著所期待方向前進」的感覺。

「自己能夠掌控全局的感覺」和第七個問題「你是否能夠感受到工作的日程安排和內容都是由自己掌控的呢？」相互關聯。

一般來說，運動選手們對於這種事情最在行。他們清楚自己的身體狀況，並配合不同狀況做練習項目的調整，以求在出場比賽當天，維持在自己的最佳狀態。

優秀的運動選手們還有一句經常掛在嘴邊的話：**「我不想輸給自己。」**這句話換個表達方式後，也正是**「不想讓自己處於無法掌控的狀態下」**的意思。

從職場的角度來理解，指的就是「一個人有沒有辦法在工作中發揮主體性」這件事。

回想你在公司裡所做的事情，如果狀況可以是——❶上司或客戶要求你完成工作；❷自己提出企劃案，排定工作行程。你認為哪一個比較容易進入心流狀態呢？不用說，當然是第二種情況。

在第一種情形中，如果沒有上司或客戶的指示，職員便容易在事項處理上不知所措；但如果是第二種情形，在擁有自我主體性的情況下，就算碰上鬼打牆，也可以靠自己想方設法來改變現狀。

至於是第一種還是第二種工作方式比較容易賺到錢呢？這倒是沒有定論。

「有價值」，你才更想去做

心流體驗八個構成要素中的第八項是「能夠找出活動本身的價值」。

這項內容所要表達的是，當我們參與一項事情時，所看重的並非事情完成後能得到多少報酬，而是可否從這個活動本身「發現什麼價值」。

在九個問題中，「能夠找出活動本身的價值」這個項目和特別題「如果每個月都能平白得到一筆和你目前工作收入一樣多的進帳，你還會繼續從事目前的工作嗎？」有關。

簡單舉例來說，一個「因喜愛設計工作，成為一名設計師」的人，也不必特別做些什麼，他在工作中就比較容易進入心流的狀態。反之，如果是一名「雖然對設計並沒有太大熱情，但為了賺錢成為設計師」的人，想要在工作時進入心流狀態就比較不容易了。

我在健身房裡鍛鍊身體時，經常可以體驗到進入心流狀態的感覺，這是因為我從這件事裡面找到了它的價值。

有些人上健身房的目的是為了增加自己的肌肉量；有些人則是為了塑造一副更能吸引異性目光的好身材。但我個人的目的相當單純，只是因為我很喜歡舉起過去無法達成之重量時，那個瞬間所得到的成就感。

讀書也是一樣，透過閱讀我收穫知識，然後就會有公司企業來找我做諮詢或演講，於是我從中賺取收入。能持續下去是因為，對我個人來說，讀書本身就是具有價值的行為。

如果有人問我「DaiGo 先生到底是為了什麼，才讀這麼多書呢？」我一定會毫不猶豫地回答：「只是因為想讀而讀，如此而已。」

為什麼知名CEO都重視晨間時光？

前面已為你解釋完契克森米哈伊所提出的「構成心流體驗之八要素」。他在這八項之後還加上了一條「不會被閒雜人等打擾的環境」，說明了這也是進入心流狀態的重要因素之一。

和這一項相互關聯的，是九個問題中的第八題「你的工作場域是否不易受到其他人打擾？」

有一個在這題回答「否」的人曾向我抱怨：「每當我在工作，電話三分鐘就響一次；不然就是又有電子郵件進來；或者是有誰跑來和我說話，讓我的工作進度總是落後。」

確實，在電話響不停，隨時又有人會找自己搭話的環境中，要進入心流狀態是有難度的。

如果遇到這種情形，建議你可以帶著工作需要的工具或資料，移師到咖啡店或圖書館去。

在那些地方，通常工作都會進行得比較順利。原因無它，因為那裡是「不會被閒雜人等打擾的環境」。這也像有些人會把已經逼近繳交期限，卻還沒有完成的工作，帶回自己家裡處理一樣。

當人們遇到緊急狀況時，會經驗性地去創造一個「不被閒雜人等打擾的環境」。然而，一些知名的ＣＥＯ們，都是有意識地在做這件事。而且和一般員工相比，他們大多屬於**早起**的類型。

這些知名ＣＥＯ會在清晨四、五點起床，確保一段完全屬於自己的一、兩個鐘頭。他們會利用這段沒有任何人打擾的寧靜時光，處理一些不容易做出決定的項目。就我所知，絕大多數ＣＥＯ的生活型態大致都是如此。

經驗告訴他們，在起床之後的兩個小時裡，是最能夠集中精神的魔幻時刻（Magic Hour）。如果在那時能夠配合上不被任何人打擾的環境，就容易進入到心流的狀態中了。

這裡的重點是——**「當你累積越來越多在心流狀態中做某件事情的經驗，你就會更加喜歡去做那件事」**。也就是說，人們會喜歡上自己在沒有人打擾的時間裡所做的事，就算它是一件「使出渾身解數才能完成的事情」，也會因為伴隨著心流體驗，轉變為你的「興趣」。

透過心流累積，把「不討厭」變「興趣」

在現實世界的任何行業中，幾乎沒有人能在自己的工作裡，找到完全符合契克森米哈伊舉出的「心流體驗構成八要素」。從經驗分析上來看，在你的工作中可能有二～三項符合要素；五～六項則屬於「偶爾符合」。

如果是想找出自己的「興趣」，這樣的程度就已經足夠了。

從事興趣作業的人，比較容易進入心流狀態；而體驗過心流狀態，也同樣能讓你喜歡上自己所做的事情。我們可以說，**「喜歡」和「心流」是一體的兩面**——因為進入心流狀態，所以喜歡正在做的事情；因為喜歡正在做的事情，所以就容易進入心流狀態。

如果在你目前的工作中，有兩、三項是能讓你輕易進入心流狀態的作業內容，你就應該把重心放在這些事情上。然後繼續朝著能讓「喜歡的作業」增加到五、六個的方向努力，將自己的周邊，打造成一個「容易進入心流狀態的環境」。如此活用手邊既有的材料，正是達成最終目標的捷徑。

跳槽到一間看似能「更滿足心流體驗條件」的公司，其實不外乎是想從其他地方，得到自己手邊沒有的資源。老實說，這種行為沒有什麼意義。因為你只看見「能否進入心流的狀態」以及「自己是否能專注並享受工作」而已，這樣的心態，反而會害你在哪裡都待不久。

想要打造「不會被閒雜人等打擾的環境」，需要些事前的準備。若想維持一個容易進入心流狀態的氛圍，用心經營和努力更不可少。

如果疏於上述提及的作為，而只是在心裡想著「改變環境就可以體驗心流，找到興趣」，對改善你的現狀並不會帶來助益。拿「金錢」和「無限螺旋」來做說明，就會比較好理解了。

在第一章裡，我已經介紹過「金錢螺旋」的樣子了。

當我們得到「金錢」後，要把它用於「興趣」（A）。透過將金錢和時間投資於自己「興趣」上，可以提高在特定領域中的知識和技能，並和「工作」產生連帶（B）。當你成為大家心目中，完成某項工作的不二人選之後，得到的報酬（C）和過去將不可同日而語。

像這樣的**「金錢」**↓**「興趣」**↓**「工作」**↓**「金錢」**循環，順著箭頭轉動一次，就形成了迴圈。

因此當我們擁有「心流狀態體驗」後，也要把它利用在自己的「興趣」上。透過「興趣」一次次加深心流體驗，就能讓目前的工作變成「喜歡的工作」。若你的「工作」成為了個人的舞台，你所獲得的收入和名聲還會少嗎？

或許我們也可以這麼說——**只要你在目前工作中發現了「擅長的項目」，就應該對它進行深耕**。

這麼一來，當你在從事「擅長的項目」時，心流體驗就會開始累積。逐漸地，「擅長的項目」也會成為「興趣」，最終還會變成「喜歡的工作」。當你成為這個「工作」中的扛霸子之後，理想的報酬和聲譽自然會找上門。

找到心流金鑰，幸福隨之而來

目前為止的內容，如果你都能吸收理解。關於金錢螺旋的四個步驟，從「步驟零」到「步驟一」的部分，皆已經做完說明了。

為了找到「真正的興趣」，你可以試著將「心流體驗構成八要素」做成一張核對表單。看看目前自己所從事的工作和一直想去做的事情，分別符合這八個要素中的哪幾項？我認為這樣的相互比較是很有意思的。

如果你已經找到了自己「真正的興趣」（亦即在任何時刻，都相對容易進入心流狀態的事），就可以經常在心情愉悅的狀態下去做這件事。將自己的能力放在這些事情上盡情揮灑，便能親身體驗自我成長所帶來的喜悅。

可以說，**「心流」和人生的「充實」及「幸福」感之間具有相當強的關聯性**。待在心流狀態中的時間越長，你所感受到的充實感和幸福感也就越多。

只要你能找到能讓自己進入心流狀態的那把鑰匙，幸福就會隨之而來。

那麼為了找到那把鑰匙，該從哪裡著手呢？首先，請先在這八個要素裡挑選，將你的心力投注在其中兩、三項，以及自己擅長、喜歡的事物上。就算這些事情在其他人眼中是多麼瑣碎或無聊都沒關係。重點在於，這件事必須成為能為你打開通往心流狀態那扇門的鑰匙才行。

如此一來，想在目前從事的工作中，將「興趣」進一步發展為「喜歡到不惜投入任何代價的事物」，是有可能辦到的。

「該做的事情」，並非最重要

當人們乘坐雲霄飛車、玩遊戲時，比較容易親身體驗「自我意識下降」和「時間感消失」的感覺，並因此產生「進入心流狀態好像並不困難」的假象。可是實際上，「遊戲」並不能完全滿足心流的狀態。

因為「遊戲」究其根本，畢竟還是「只能從中得到一時歡愉」的事物。正因「遊戲」沒有持續性，所以它無法給予我們「投入在自己興趣上時，所獲得的長時間幸福感」。

另外也想補充個常識——**一件「雖然不喜歡，但不得不做」的事情，絕對無法讓你進入心流狀態**。

在國中和高中時期，應該有不少人覺得「雖然討厭數學，但因為它是重要學科，還是得好好學習」吧。許多學生在面對自己不在行的科目時，依然會認真地研讀。其實就算是自己討厭的科目，在經過一番苦讀之後，還是有可能克服原先對它存有的恐懼心理。可是說到要將這個科目，變成「能讓自己進入心流狀態」那麼喜歡的程度，我認為是相當困難的。

當我在閱讀心理學相關書籍時，很容易就進入心流狀態。然而一旦換成閱讀法律方面的書籍時，就很難產生心流體驗。因此我想建議你，應該盡可能拋下「不得不做的事」、「必須做的事」這種想法。

這也是為什麼，我在書中從來沒有說過「請把錢投入在應該做的事情上」，而是希望你「把錢投入在興趣上」的原因。

人們對於自己的興趣，在學習上的速度比較快，因為做這件事情的時候，較容易進入心流狀態。當我們完全沉浸在自己喜歡的事情時，相關的知識、資訊、技能和人際網路等，也都會隨之展開。如果我們能進一步將它和「工作」連結，那麼打造金錢螺旋的任務也就大功告成了。

至於「雖然不喜歡，但不得不做」的事情，因為無論下多少功夫，都很難達到上述的成功領域。因此金錢更應該投資在「興趣」，而非「該做的事物」上。

POINT

- 活用「心流構成八要素」，工作也可能變興趣；
- 將工作「改變二〇％」，活化腦力效率高；
- 為自己留下「寧靜時光」，更能促使思考和自我認同；
- 與其為不得不做的事努力，更應將錢投入興趣，把自己的可能最大化。

04 設立小目標，「即時回饋」讓你樂在其中

看到這裡，或許有些讀者心裡頭會著急：「怎麼辦，好像真的沒有一件能讓我專心致志，進入心流狀態的事物。」請放心，不用太焦慮。

就算你目前沒有能夠進入心流狀態的事物，身邊也一定有「雖然喜歡的程度還不到心流等級，但還挺感興趣」的事吧。你現在要做的，就是努力將這件讓你「還挺感興趣的事」，升級成「能夠進入心流狀態的興趣」。

有些人能在純粹為了自娛而演奏樂器時，進入心流狀態。但就算是這樣的人，在剛開始學習樂器時，也是不太可能立刻進入心流狀態的。因為當剛接觸到一樣新樂器時，有很多東西必須花心思記憶，而且技術也尚未成熟。這時候就算演奏，也很難從中感受到箇中之樂。

唯有當演奏技術不斷向上提升、和志同道合的夥伴們組成樂團，甚至是有了到舞台上做現場表演的「明確目標」後。他與夥伴持續相互配合，共同練習，隨著演奏風格之改變，才會帶來「自己能夠掌控全局」的感覺。

換句話說，當我們持續投入在一件事情上時，構成心流的要素就會一個接著一個

冒出來。本來只是「有點興趣」，最後進化成「可以進入心流程度的興趣」。

若從這個方向來思考，你會發現，你每天花在工作中的時間，遠比你的興趣還要長，而且還非常具有持續性。

活用「心流八要素」，深化興趣再加分

因此，如果你能在每日的工作中，找到感興趣的作業內容，下一步要做的，就是持續在這件事情上付出努力了。當日子一久，它自然就有可能變成「讓你進入心流狀態的興趣」。

其實就算是一個擁有「心流程度興趣」的人，也不太可能讓這項事物完全滿足構成心流的八個要素。

他可能會說：「當我投入這件事情的時候，有著『明確的目標』，能做出『選擇與集中』，在狀況特別好時，也有可能體驗到『自我意識下降』和『時間感消失』，可是唯獨少了『即時的回饋』。」就像上面這段話所描述的，事情總是會有美中不足的地方。

儘管如此，當你已經滿足了八個構成要素中的多項之後，對於剩下的那一個或兩個項目，便只要靠手腕和方法來補上即可。

而只滿足了兩項構成要素的人，其實也只需要在這些地方繼續發展，讓它拔尖，終究能夠體驗到高度完成的心流狀態。

我來整理一下前面的內容，首先、同時也是最重要的，就是去找出能夠讓自己進入心流狀態的「真心興趣」。

你可以先用本章前面提到的「九個問題」來問自己，然後把每天的工作內容拿來和「心流體驗構成八要素」相互參照比較，這樣做會很有幫助。

當你發現了自己擅長的、喜歡的或疑似感興趣的事物之後，就可以往下一個階段邁進——**設定「小目標」並打造「不會被打擾的環境」**。幫自己創造出容易進入心流的狀態，是相當重要的。

緊接你著要讓「興趣」變得能使自己感到更快樂、更充實，並從中獲得自我成長。

回饋「遊戲化」，幫你度過「難熬時光」

在商場中有一種名叫**「遊戲化」**（Gamification）的概念。

這個概念利用遊戲世界裡的「即時回饋」，讓人們在和其他人合作、競爭的同時，完成一件事情。這種做法是要將我們在玩遊戲時感受到的樂趣，應用在商場或社會活動中。畢竟事情總得要有趣才吸引人，抱持著愉快的心情做事，得到的成績也自然亮眼。

因此，當我們在「尋找開心之事」時，也別忘記「享受你找到的開心事」之重要性。如果你發現了能夠進入心流狀態的事物，就要設法讓自己更加享受這樣的「興趣」。

有些時候為了使其成為自己「興趣」，甚至必須強迫自己從「不太感興趣」之處開始著手。

例如有一位對宇宙抱持著極大興趣的高中生，他希望在大學裡能專攻「航空太空工程學系」。然而為了實現這個夢想，他必須先接受考前努力用功的磨練。

如果一個人擁有對任何事情都能樂在其中的能力，那麼就算是考前枯燥乏味的埋頭苦讀，對他來說也就算不得什麼苦了。由於「考前努力讀書」這個行為具有「明確的目標」，而且是實現夢想的其中一個方法，所以他能夠從其中「找出活動本身的價值」。

如果能再搭配最終目的設定許多容易達成的「小目標」，就可以輕易得到「即時回饋」。

為了升學而努力讀書這件事，乍看之下的確令人索然無味，可是我們仍然可以想辦法，讓它盡量接近能夠產生心流的狀態。

總的來說，具備「發現自身興趣」和「喜歡自己發現之事物」這兩種能力的人，就已經具足了轉動「金錢螺旋」所需的條件了。

POINT

- 設定「小目標」、創造「即時回饋」，進入「心流」狀態的訣竅；
- 如果在目前的工作中能夠發現稍微感興趣的部分，請持續專注在加強這個地方；
- 找到「興趣」之後，要想辦法讓自己更加樂在其中。

專欄

「自我補償」心理，令人難擋「購物慾」

目前的你，有自己的目標嗎？如果這個目標對你來說，是一件「正確」的事，那麼我得和你說實話——當你做這件事情時，會比較難進入心流狀態。而且你所設定的這個目標，要轉變為「興趣」的可能性也不高。

究其原因就在於，在我們人類身上都存在著一種被稱作**「道德許可」**（Moral Licensing）的特質。這個特質讓我們覺得「在做完『正確』的事情之後，幹點壞事也沒有關係」，而這也是我們之所以難以抗拒誘惑的原因之一。

可以列舉的例子有很多——「今早已經到健身房燃燒脂肪了，吃一點甜食不過分吧」、「剛剛已經忍住不買那個包包了，今天的晚餐可不能再苦了自己」、「上星期已經好好陪過家人了，今晚一個人去快活一下可以吧」、「我都為家人犧牲奉獻這麼多了，才出軌一次應該沒關係」……。當人們把「正確」當成理由，做了某些事情後，結果通常是禁不住來自其他方面的負面誘惑。

「道德許可」真正可怕的地方在於，不管你是否真的做了「正確的事情」，它都會使人對於誘惑的抵抗力變得薄弱。

電視台的新聞節目在播放過程中，總是會有廣告時段。在報導完一則慘絕人寰的殺人案件後，很可能接著播出的卻是化妝品廣告。如果你是這個節目的贊助商，照理說絕對不會希望自己的產品和殺人事件有任何掛勾吧？

然而不論是在過去還是今天，新聞節目之後緊接著播出的，大多是民生用品的廣告。追根究柢來看，其實這和觀眾心裡的「道德許可」作用有關。在沉重、「正確」的新聞報導之後，坐在螢幕前的觀眾，對廣告的誘惑會變得難以抗拒。

也就是說，當我們從新聞節目中得知了悽慘的殺人事件後，心裡會產生「難過」這種「正確」感受；並在難過之後，出現想要抒發的慾望，因此購買廣告中的商品，就成了一種改變心情的方式。

越是去認識這類的心靈運作方式，越會對於我們該如何花錢、賺錢，帶來很大的影響。如果想要戰勝「道德許可」，不再被誘惑牽著鼻子走，就要記住，當我們要做一件事情時，考慮的角度應該從「因為正確所以去做」轉變為**「因為快樂所以去做」**才是。

CHAPTER

3

興趣變身吐鈔機，掌握五大致富時機

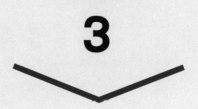

01 活用「六度分隔理論」，機會來敲門

我在第二章中曾說明過，想要建立「金錢螺旋」，需要經過以下四個步驟——

- **步驟零**：找到自己「真正興趣」；
- **步驟一**：徹底投入於自己的「興趣」之中；
- **步驟二**：想方設法將「興趣」和「收入」做連結；
- **步驟三**：從「興趣」中得到收入，再投資。

在第二章裡，我也已針對「步驟零：找到自己『真正興趣』」和「步驟一：徹底投入於自己的『興趣』之中」，提出了「九個問題」和「接近心流狀態」這兩個切入的方向，幫助你得以在工作中，發現自己還未覺察的「興趣」，並介紹了深化興趣的方法。

緊接著，本章將進入「步驟二：想方設法將『興趣』和『收入』做連結」。也就是將興趣**「收益化」**（Monetize）*，我將為你說明五個創造金錢收入的重點。

首先就讓我們進入第一個重點**「宣傳與奉獻」**吧。

將「興趣」收益化的第一步，就是要讓身邊所有的人都知道「我喜歡什麼，我對自己喜歡的事有多擅長，具體來說在這件事情上我能做到怎樣」。

不論你在哪一個領域有多麼高超的技能，只要沒有人知道你身懷絕技，像「我們這次要舉辦〇〇活動，你願不願意來幫忙呢？」這種邀約機會，是絕對不可能從天而降的。

「宣傳與奉獻」就是為了**讓身邊的人都知道關於你的事情**。

在本書中我已經重複提到很多次，我最重視的莫過於「透過閱讀、獲得知識」這件事。我還說過，最近有許多公司都找我做諮詢，他們皆希望能把獨立的知識群相互連結，以期產生出最大的效用，並進一步將這些知識拿來實際應用。

如上所述，為了讓自己能夠從事心中最想要做的事情，向周圍公開「這是我喜歡，而且擅長的事情」、「活用我的這個強項，可以達成這樣的目標」，也是不可或缺的努力。

當你對外公開自己喜歡什麼，而且希望將它活用在工作中之後，身邊的人才有可

＊譯註：公司企業在自家網站提供免費服務，獲取報酬的一種方式。如遊戲的玩家雖然可以免費遊玩，但仍必須付費才能獲得高階寶物或武器。

能改變對你的既定認識。

如果像個啞巴什麼都不說，身旁的人當然不會注意到你，就算有相關的工作機會，也不可能找你談合作。如此一來，要想將自己「喜歡的事物」和「工作」相互連結就會變得困難重重。

有不少人很容易不好意思或害羞，所以通常只會把自己喜歡的、想做的事情，讓家人、戀人和朋友們這類小圈子裡的人知道。這種「曖曖內含光」的表現其實並不是一種值得稱許的美德，因為**它所展現出來的消極性，會讓本來應該屬於你的機會白白溜走**。

利用「奉獻」自我宣傳，把機會最大化

耶魯大學的斯坦利・米爾格拉姆（Stanley Milgram）教授曾經以實驗結果為依據，提出著名的**「六度分隔理論」**（Six Degrees of Separation）。

簡單來說，這個理論就是透過朋友（一次分隔）的朋友（二次分隔）的朋友（三次分隔）這種聯結方式，平均只要經過六次分隔之後，無論是誰都可以和世界中的任何一個人產生聯繫。

網路和社群網站的普及，讓米爾格拉姆教授的理論實現性得到進一步發展。請回

憶一下，你是否也曾在新聞媒體上，看過類似下面這樣的報導呢？——有位小朋友在社群網站上發了一條訊息，他身邊的大人們看到這條訊息後，決定幫他擴散出去，最後這位小朋友見到了仰慕已久的明星運動員。

如果你真的很希望能和美國總統或好萊塢明星說上幾句，只要竭盡全力向周圍的人宣傳這件事，就算可能得花點時間，在經過六次分隔之後，還是有辦法實現的。但如果你只是把這個願望埋在心裡，不管過多久任何改變都不會發生。

因此，不管今天出現在你面前的是不是初次見面的人，你都應該盡可能和更多人談談自己「喜歡的事物」、「擅長什麼」……，如此一來，你所說的話就也成為一種投資了。

然而，當我們在努力行銷自己時，對聽話者來說可能卻是一種「強迫推銷」。因此除了幫自己做「宣傳」，也別忘了**「奉獻」**的重要。

所謂的「奉獻」就是像這樣說：「這是我喜歡的事，如果你有這方面需要我幫忙，別客氣、儘管開口，讓我助你一臂之力。」

這裡有個很不錯的例子——我從學生時代開始就非常喜歡旅行，剛好在認識的朋友裡面，有一位對如何找到便宜機票和低價旅行，以及活用里程數的方法……相當熟悉的女性。

以前她都會和周邊的朋友說：「要出國玩之前讓我知道一下，我會傾囊相授，幫你規劃一個最划算的行程。」

結果，經過大家「口耳相傳」，最後連朋友的朋友們都來找她諮詢旅行的事。發現大家有這個需求之後，這位女性友人開始寫起部落格，公開分享自己的旅遊知識。她不但很會規劃超值的旅程，同時還會親身去體驗，目前已經是一位專門從事旅遊相關寫作的獨立作家。

我們不但要對外宣傳自己擅長的領域，也要樂於奉獻自身所長來服務他人，以擦亮自己的寶刀，告訴人家「我已經準備好為民服務」了。「宣傳與奉獻」的意識，平常就應該放在腦中。透過不斷實踐，將來提供機會給你的就不只是身邊的朋友或認識的人了，還會遠遠地擴散。

創造收益化的機會其實不少，而它們，都隱藏在這「六度分隔」之中。

說明「興趣」，話越短越好

當我們充滿熱情地和對方闡述自身想法時，有些人的反應可能會非常冷淡，例如說：「不要光講這些不切實際的事情，是不是該面對現實了？」

就算遇到這種情況，我們也沒有必要受人影響，因為嘲笑別人夢想和志向的人，只證明了自己沒有夢想和志向。

就用「林子大了，什麼鳥都有」的心態去接受吧。只要抱著「亂槍打鳥」的精神，和遇到的每個人都暢談自己想做的事情，一定會有願意認真聽你說話的人出現。

另外，當我們在自我宣傳的時候，還有一件事要放在心裡，那就是「盡量用一句言簡意賅的話，說明自己想做的事情」。

其實我剛開始接讀心師活動通告時，還不懂得如何用一句話精簡表達，為此吃了不少苦頭。當別人問我：「DaiGo 先生，你剛才表演的是魔術嗎？還是這其實是種超能力？」當時的我總回答：「這並不是魔術或超能力，而是一種利用心理學、表情分析學，從對方臉部肌肉活動解讀心理的學問。其他也還有對話術等，我將這些學問都綜合應用……。」

結果當我洋洋灑灑做了這麼長的說明後，對方總是一臉有聽沒有懂的樣子。

於是我對讀心術以及自己想做的事情重新做了一番深入的思考，最後終於找到了用一句話即可以概括完畢的內容：「讀心術，就是利用科學和邏輯來再現超自然現象。」

當我能夠用這句話簡短地說明自己所做的事後，他人的理解度明顯有了大幅度的成長。

如果對方不知道你在做什麼，想要放手做自己想做的事情會有些困難。因此，當有人問到「你是一個怎麼樣的人」的時候，你應該回答在事前就先準備好的一段簡單說詞才對。

POINT

- 鼓起勇氣，大聲說出你「擅長的事」和「喜歡的事物」；
- 嘲笑你的夢想和志向的閒言閒語，不用在意；
- 請準備好一段「言簡意賅的內容」，用來說明你決心要做的事。

02 出外靠朋友，「互惠原理」幫你經營人心

第二個重點是「Give & Give」。

我想應該有不少人都聽過**「互惠原理」**（Reciprocity）一詞吧。

「互惠原理」的內容是說，當人們從別人那裡得到了什麼之後，心裡會認為必須向對方回禮。例如當你正在處理一項逼近期限的燙手山芋，公司裡的同事自願加班協助，相信你心裡一定會產生「要是下一次換同事落難，我一定得幫他才行」的想法。

這個心理作用有個非常耐人尋味的地方，那就是通常受惠者的心裡會出現**「對於他人的幫助，我一定得加倍奉還」**的想法。

心理學家丹尼斯．雷根（Dennis Regan）曾經用可樂做過一個實驗。

一開始，雷根先以「藝術調查」為由，把實驗受試者集合起來，請他們在個別的特定時間點抵達展覽會場。會場中安排有一個假裝是一般參加者的實驗助理。在助理和受試者對會場畫作發表自己的意見時，助理會在過程中提出稍作休息的請求，然後走向可以拿到免費飲料的地點。

當助理回到受試者身邊時，會有以下兩種情形——❶助理兩手空空回來；❷助理

手上帶著一杯可樂給受試者喝。

不論是哪種狀況，助理都會接著向受試者提出要求說：「其實，我是賣彩券為生的，今天還有幾張沒有賣完，一張只要二十五美分。如果我能夠把彩券全部銷出去，就可以獲得五十美元的獎勵，不知道你是否願意幫我買個幾張呢？」

結果顯示，拿到可樂之受試者的購買率，是沒有拿到可樂的兩倍。明明只是一杯不用花錢就能取得的可樂，卻對受試者發揮了巨大影響力。

從其他類似的實驗中也同樣可以發現，只要對受試者施加小惠，就可以期待他們帶來遠超出小惠以上的回報。

送禮就要「先發制人」且「不著痕跡」

所謂的「Give & Give」，就是利用這個「互惠原理」，讓身邊的人成為自己的貴人。請盡可能將它拿來和「宣傳與奉獻」一起使用，這樣才能得到最好的效果。

當我們把身邊的人都變成夥伴，並將自己的「興趣」往收益化推進，身旁的人就都會是你的助力。然而，如果你沒有實踐「Give & Give」，就可能會出現那些說「這個社會沒有想的那麼簡單啦」、「你能不能專心在自己工作上啊」之類的風涼話，妨礙你集中與選擇的人。

因此，擁有願意站在你這邊的人——或說得極端一點，培養對你「特別照顧」的上司或前輩，是相當重要的。

如果從六度分隔理論來看，照理說我們應該有機會讓處在二次、三次分隔關係的人，成為自己的支持者。

那麼具體來說，究竟要「給予」（Give）什麼才好呢？

其實在接下來的第三個重點「貢獻」裡，我便會提到——你的「行為」能否為對方帶來實質幫助是一個關鍵，但是在「Give & Give」裡要給對方的，是「東西」。

至於該給對方什麼，其實那和東西的價位無關。事實上，除了對親人、伴侶等關係親近的人之外，很多時候送高價的東西給別人，反而會帶來反效果。

假設你是女生，突然有一位不是特別熟的歐吉桑，要送你名牌鞋子和包包，你會有什麼感受呢？

你是不是會想：「這個人一定不懷好心眼，真噁心。」完全拉高了對他的防備。就算送禮的歐吉桑並非別有用心，還是會讓人產生「小心為妙」的感覺。

可是只要換個場景，當這位伯伯是去你家拜訪父母，隨手遞了一顆糖果給你時，通常你就會接受糖果，並態度自然地對他回禮說「謝謝」吧。

因此，如果想要送東西給交情一般的朋友或認識的人，像餅乾糖果這些較讓人好收下的東西，會比高單價的禮品更有效果。就像前面介紹的實驗，光用免費的可樂便能換來彩券銷量一樣。一般人就算只是接受了他人的滴水之恩，也可能會湧泉以報。

送禮的重點，其實在於「先發制人」和「不著痕跡」。就算只是送一顆糖果給對方，天天周而復始地做下去，你的行為也會讓對方難以忘懷，覺得：「咦？那個人好像一直挺關心我的。」

手寫小紙條，幫你好感大加分

如果想要進一步提高「Give&Give」的效果，不妨試試在你送的小東西上面，貼上你親手寫下的留言小紙條或N次貼。

例如當你買了機能飲料，要替忙到昏天黑地、熬夜加班的同事們探班打氣時，別忘了在飲料瓶身貼上紙條寫：「每天加班辛苦了！一點小心意，請收下。」然後再發給大家。

這種手法在機能飲料的廣告中經常可以看到。只是經過這樣一道簡單的工序，原本普通的機能飲料就搖身一變，成為充滿關懷之情的禮物了，我相信它一定能在同事們心中留下深刻印象。

一瓶機能飲料頂多也就兩百日圓（約新台幣四四元）左右，然而只要花這一點小錢、附上你的留言，就可以為自己爭取到許多「自己人」。要記得，執行「Give & Give」時，重點並不在於東西的價格，而是能不能把心意傳達到對方的心坎裡。

這種附上留言小紙片的禮物，所能產生的效果，其實是經過實驗檢證的。該實驗的地點在一間餐廳裡，經試驗發現——服務生幫顧客結帳時，如果在發票、帳單背後，寫上「Thank You」或畫上笑臉符號再交給客人，得到的小費就會高出許多。

由此可見，不是只有在送小禮物給同事時才需要附上留言小紙條，將工作資料交付給同事時，也可以附上留言便箋，這麼做可以提升大家對你的好感度。

慰勞有時機，「週三」最讓人感動

如果讀者還想要更進一步提升「Give & Give」效果，選擇一個**容易讓對方留下印象的時間點**也很重要。

如果你十分期待「互惠原理」帶來的成效，那麼關鍵就在於你給予的方式能否讓對方記住你。只要對方腦中一直留有「從你那邊得到過什麼」的回憶，他們心裡就會有「將來一定要為你做點什麼」的想法。

你應該還記得我前面舉過「送附上留言小紙條之機能飲料給上司或同僚」的例

子。其實，若想提高贈送慰勞品這個行為的功效，抓對送予的時間點也很重要。先撇開大家都需要加班的決算期不講（這段時間送慰勞品當然有效），如果是在一般週間裡要選日子，我推薦星期三。

當人在身心都感到疲乏的時候，你做出的親切行為，最會令人銘感五內。

星期一是一週上班的第一天，就算心裡鬱鬱寡歡，嘀咕著：「唉，又要開始一週漫長的工作了。」可是身體經過週末的休養生息，狀況還是挺不錯的。相反地，星期五的時候，雖然身心已經過了一週的摧殘，可是一想到明天就是週末了，反而能讓人打起精神來。

從以上可推知，每週正中間的日子——**星期三**，正是上班族不論在精神或肉體上最難熬的一天。因此，在星期三這天為同事奉上機能飲料，儘管一樣是「Give & Give」，你讓大家留下的印象會比較難忘，取得的效果也最好。

一樣的手法，還可以套用在送人生日禮物或紀念日禮物時使用。

如果你和別人一樣，在同一天送禮給壽星，你的禮物和別人的禮物擺在一起，根本分辨不出來是誰的。如此一來，你在別人心中留下的印象自然模糊不清。但如果你能在生日的三或四天前把禮物送出去，你就會是那「唯一」的了。

這麼做，對收到禮物的人來說不但是個驚喜，而且他還會對你念念不忘。

所有付出，都會回到你身上

就算送出的生日禮物不是給對方，而是他家人的，也可收到不錯的效果。如果你能不動聲色地問出對方寵物的生日，就可以在寵物生日當天，把禮物交給飼主。對方如果是愛犬或愛貓人士，怎麼可能忘得了你呢？

過去我曾經在母親節當天送禮物給一位前輩的母親，因為這位前輩對我一直很照顧。

「哎呀，我連自己兒子的母親節禮物都沒有收過呢！」前輩的母親高興地收下了我的心意，相信她一定對這次收到禮物的經驗難以忘懷。

此外，如果你在公司裡是做前輩的人，當你把外出的飲食費交給後輩時，依據出手方式的不同，也能讓後輩對你另眼相待。

舉例來說，你和公司幾位年輕社員下班後去喝一杯時，如果拿出一萬日圓（約新台幣二千二百元）給他們，通常只會換來一聲普通的「謝謝」而已。然而場景如果換成是去吃午餐，情況又會怎麼樣呢？

由於一萬日元足以讓大家享受到相當豐盛的午餐，所以儘管是同樣的金額，可是你在別人心中留下的形象卻大不相同。當你拿出這筆錢，你將成為後輩心目中「慷慨的前輩」，而那幾個被你請過客的後輩，也都會把這件事銘記在心。

「Give & Give」中的 Give，為什麼要重複兩次呢？其實這是有其原因的。第一個 Give，指的是你送禮給對方；第二個 Give，則是已經成為你「自己人」的他人回禮給你。

POINT

- 送點心或機能飲料等容易收下的小禮物給對方，可以幫自己廣結善緣；
- 送禮時附上貼心的留言小紙條，效果更高；
- 選對送禮「時機」，最讓人難以忘懷。

03 「誰認得你」比「你認識誰」更重要

如果說「宣傳與奉獻」是收益化的準備階段，那麼第三個重點**「貢獻」**，就是具體的行動了。

一旦你做出了奉獻的宣告——「我已經準備好為大家服務啦」，那麼「貢獻」就是利用自身「興趣」，為他人謀福利的一種行動。

因為我的興趣是「由書本獲得知識」，所以會特別留心自己可以利用知識為他人做點什麼。

例如，若在工作中認識的朋友和我說：「我們公司目前正面臨這樣的問題，還滿傷腦筋的。」

我便會藉由提供自己所擁有的知識，貢獻一己之力幫助對方解決問題。例如給他這樣的意見：「關於這個問題，有一位心理學家○○○曾經發表過如此的學說，我想或許可以供你參考。在他的理論中提到……。」

像我這樣把握上述的機會，其實也能成為一次絕佳的自我宣傳，讓對方牢牢記住自己。在聽過我的意見後，剛才那位朋友可能就會心想：「我原本以為 DaiGo 只是個從事表演的人，沒想到他還讀了這麼多關於心理學的書，肚子裡挺有墨水的。」

之後，他便可能幫我和他身邊的朋友宣傳：「DaiGo 還蠻懂商業和人際關係的心理學相關知識，下次若有什麼需要，我幫你們引薦一下。」因此替我開創與更多人之間的連結。

另一方面，為了能夠利用自身「興趣」為他人做出貢獻，你不能只讓別人當聽眾，**「認真傾聽他人」**或「傾聽他人的夢想」也是很重要的。

「我創業想做的事情是，為來到日本的外國人，提供一個能夠深入了解日本的方式。」

「當前日本農業從業人口幾乎都是高齡者，再這樣下去日本農業的發展前景令人擔憂，我希望能想盡辦法吸引年輕人投入這個領域。」

當你遇見了說著上面這些話、懷揣著夢想的人，你便可以向他們介紹自己的「興趣」，並藉由你「擅長的領域」，試著琢磨看看自己能為他們做點什麼。

然後你就可以對他們說：「你想做的這件事，我可以用〇〇方法來助你一臂之力。其實這個〇〇方法，我還挺在行的。」

如果你能和那些人發展到這一步，就可以互相腦力激盪，構思生意的點子，並成為商場上的夥伴、互相扶持。如此一來，雙方都能為對方的夢想貢獻一己之力。

「貢獻」的原點，就在「宣傳與奉獻」。

也就是說，你要採取積極主動的態度，去和身邊的每一個人說：「我想做這件事！」同時也去傾聽對方的夢想，並不忘提醒自己：「我也能為對方的夢想做出貢獻。」

當透過「Give & Give」創造出來的「自己人」接受了你的「貢獻」後，對你抱持正面評價的人就會越來越多。

達成收益化的五個重點，它們彼此之間的關係並非各自獨立，而是能透過相互影響，得到相輔相成的效果。只要持續不斷執行下去，在前進過程中，收益化的機會自然會來敲門。

「物慾」和「自尊心」高低，有何關係？

若你能帶著「利用自身興趣為他人做出貢獻」的信念，並將之化為實際行動，可帶來以下三種可喜的「副作用」。

首先，當我們的行動成為他人助力時，自己所感受到的自我效能和自尊心都會提高。如此一來，會發生什麼事呢？答案是可以減少金錢、時間、體力……的浪費。

有點意外吧？根據心理學的研究指出——**自尊心越低的人，越有「物質主義」**

（Materialism）**的傾向**。這種人喜歡穿戴高價名牌精品，或開著高級轎車在街上趴趴走，以此彌補內心缺乏的自尊心。

自尊心高的人則不會這麼做，因為他們有「我能做到」、「身旁的人都認同我」和「我有能力幫助別人」的自信心。所以就算在物質上並不充裕，也無須用名牌精品等物來填補不足。

關於自尊心和物質主義之間的關係，兩位心理學家藍阮・查柏林（Lan Nguyen Chaplin）和黛博拉・羅德・約翰（Deborah Roedder John）曾做過一個頗有意思的實驗。

他們先找來一群孩子，讓他們回答關於自尊心的問卷調查，接著讓孩子們就「讓我感到幸福的事情」這個題目，進行紙拼貼畫的創作。

結果顯示，自尊心越低的孩子，他們作品的主題越是圍繞著自己擁有的東西——也就是表現出「利用物質來填補自尊心空缺」的傾向。

然後實驗進一步將孩子們兩兩配對分組，讓他們把彼此的優點寫在紙盤上交給對方，然後再一次進行紙拼貼畫的活動。這一次，「東西」出現在畫中的比例就明顯減少許多。

透過這個活動，自尊心較低的孩子們得以了解原來自己也有優點，使他們的自信心得到些許提升，因此得到了不同的結果。由此可見，並非「物質主義」的傾向讓人沒有自信；只要提高一個人的自信心（哪怕只是暫時的），就有可能讓他遠離物質的控制。

同樣地，若能實際體驗到「利用自身興趣為他人做出貢獻」的感覺，就能夠減少「浪費」的機會。

「利他行為」，獲得幸福感的絕招

利用自身「興趣」為他人做出貢獻後，能夠得到的第二個「副作用」是**「獲得幸福感」**。

簡單來說，人類是能**透過「為他人付出」而得到幸福感**的一種生物。

為他人付出是一種「利他行為」（Altruism），所謂的「利他行為」並不是許多人所誤會的那樣——非得犧牲自己來照亮別人。

舉例來說，當你活用自己的強項，幫助朋友或認識的人排解煩惱，讓他們能夠早日脫離苦海，之後你就會體驗到一股助人的舒暢感。見到對方鬆了一口氣的表情，必定會讓你感覺「做了件有意義的事」，接著幸福感油然而生。

能夠為別人的幸福盡一己之力，這種美好的感覺也同樣會連結回到你的身上。因此，**從事「利他行為」，其實不只是為了別人，也是為了自己**。

許多世界上的大富翁都是「利他行為」的達人。

看看比爾・蓋茲、巴菲特等人，當他們將自己的興趣發揮到極致，藉由再投資的金錢螺旋，創造出富可敵國的財富之後，無不積極地投身到慈善事業裡。

為什麼這些大富豪要把錢用在別人的身上呢？因為透過這些貢獻，能讓他們得到幸福感。

「我的存在對其他人來說具有意義，我擁有幫助別人的能力」這種精神上的滿足感，光「賺進大把鈔票」是無法獲得的。因此，這些身為「用錢達人」，會把金錢投入到許多不同地方的大富豪們，在建立了金錢螺旋之後，下一步就是去實踐「把錢用在別人身上」這件事了。

事實上，以研究「如何讓人生過得更加充實」為目標的正向心理學（Positive Psychology）就發現——**把錢用在別人身上，遠比把錢用在自己身上，更能夠提高自己的幸福度**。

美國奧勒岡大學的威廉・哈博（William T. Harbaugh）教授曾經做過一個實驗，他想知道——人們為了其他人自發地去用錢；與以強制徵收方式被迫捐出錢時，腦中的活動會有什麼差異。

在這個實驗裡，實驗方會在受試者的虛擬戶頭存進一百美元，然後告知他們，這一百美元中有一部分會被當成稅金強制徵收，用來幫助貧困的人。剩下的餘額則可以選擇留給自己，或捐贈出去。

從結果來看，無論是捐出去或留為己用，腦內感知到喜悅時會產生反應的「尾狀核」和「伏隔核」，都出現了活性化。差別只是在於——自發性捐贈的受試者，他們腦中的活性化比較明顯。

從這個實驗可知，不管是強制或自發行為，只要能用自己的錢來幫助需要的人，對人們來說都是一件開心的事。不過當你是自願貢獻時，則會得到更大的喜悅。

雖然市井小民不可能像那些有錢人一樣，出手闊綽。可是當我們看到有困難的人時，仍然可以選擇金錢以外的方式，來幫助他們。

在這裡和各位讀者分享一個，最近幾年在國外頗為盛行的貢獻方式——寒冬來臨時，把自己已經不穿的厚外套找出來，附上一張寫著「最近天氣變冷了，請穿上這件外套暖和暖和吧！」的紙片，然後將它掛在電線杆上。

如此一來，那些無家可歸的遊民們就可以穿上這些衣物，抵抗寒冷的天氣了。

「我相信自己掛在電線杆上的外套，一定可以為遊民們在寒冬中增添一絲暖意。」僅僅只是產生這個念頭，就能讓一個人體驗到幸福的滋味。

當然，如果你能透過自己的「興趣」來幫助他人，將會為你帶來更大的幸福感。

不論是捐錢或把外套掛在電線杆上——這種助人的行為，任何一個手上有錢或有一件不穿外套的人都可以做得到。但如果是利用自身「興趣」所積累下來的智慧、知識以及人脈來助人，那就成為只有「你」才能做到的好事了。

如此一來，你將穫得無可取代的喜悅。

貢獻所能，打響「口碑」第一步

假設現在你的公司正要架設新網站，在沒有預算的情況下，需要找一位能統籌負責文案、設計的人。如果這時你願意自告奮勇地「貢獻」，舉手說：「我喜歡做設計！」、「寫文章是我的強項！」這將會是你拓展人脈的大好機會。

因為那些被你興趣幫助過的人們，在其他場合遇見為了相同事情所苦的人時，腦海中一定會浮出你的臉。

「我們公司裡的同事在設計這方面還蠻厲害的。」、「我的部下對整合稿件挺有一手喔。」透過這些人「口耳相傳」，你的口碑就被打響了。

這不正是一個「互惠原理」的實例嗎？藉由你的興趣提出貢獻，最後讓自己從那些接受過你好處的人那裡，得到了比預期更大的回報。

當完成「宣傳與奉獻」，而你也確實向身邊的人傳達出「我很喜歡○○，而且也十分擅長。目前在思考如何把○○拿來和工作以及收入做連結」這樣的想法後，我相信在你身邊的人也不會無動於衷，而是努力支持你去完成自己的夢想。

我們經常可以在一些喝酒的場合裡，看到喜歡吹噓自己認識某某某，和名人裝熟的醉客。然而，「認識某人」和「可以和某人搭上線」完全是兩件不同等級的事。

所謂「人脈」指的**不是你認識誰，而是誰認得你**。若想要打開自己的人脈，還得靠別人幫你宣傳說「這個人挺擅長這件事的，你可以去找他談談」才行。

因此，善用興趣、專長來為他人做出「貢獻」，從結果來看，能讓過程中認識的人成為自己的「人脈」，而這正會是屬於你、無可取代的財富。

POINT

- 利用自身興趣為他人做出貢獻，也是自我宣傳；
- 傾聽對方的夢想，在能力範圍內助他人一臂之力；
- 利用自己的強項，成為別人的力量，打造屬於你的人脈。

04 「強連結」可靠，「弱連結」更具優勢

任職於史丹佛大學的社會學家，馬克．格蘭諾維特（Mark Granovetter）教授，曾對才剛轉職不久的專業人士、技術工和管理員，進行一項關於「新工作的訊息是從何得來？」的研究調查。

結果顯示，只有一七％的受訪者是從「強連結」*（Strong Ties）那裡得到換工作的相關訊息；反之，從「弱連結」（Weak Ties）得到訊息的卻占了二八％，也就是說**因「弱連結」得到下一份工作的人較多**。

前面出現的「強連結」，指的是像家人、戀人、親人、學生時代朋友、公司裡少數較有來往之同事等。而「弱連結」指的則是過去生意往來上認識的其他公司老闆、因孩子認識的「媽媽友」或「爸爸友」、附近鄰居、興趣團體或參加地方上活動時結識的人等等。

乍看之下，和「弱連結」相比，「強連結」的人際網路似乎比較可靠。的確，在日常生活中，會對我們伸出援手、提供幫助的，通常是和自己比較親近的人。

可是，這些屬於「強連結」的人，生活及工作環境都和你很類似。也就是說，當

你想要為自身「興趣」找到突破的出口、飛向新世界時，應該往目前所處社群以外的地方去發現機會。這時和你身處在不同環境中的「弱連結」們，就可成為你的助力。

且讓我們拿前面買演唱會門票的例子來說明，假設你想要去聽的那場演唱會門票，是採用抽選制販賣。

為了增加被抽中的機率，除了自己上網報名參加抽選之外，你一定也會動員親朋好友們上網報名，來幫自己增加機會吧。然而，其實更進階的方法是——用盡各種關係，直接從那位歌手或舉辦活動的相關人士那裡拿到票——這才最有效率。

要想達成這件事的關鍵在於——當想要尋求有效關係時，自己究竟有多少門路可以使用？對於平日就很細心維護自己「弱連結」的人來說，他手中可用的活棋自然不少。其中或許就會出現有個人對你說：「我有一位朋友，他剛好認識那位歌手經紀公司裡的人，我幫你問問看有沒有辦法拿到這場演唱會的門票吧！之前受到你那麼多照顧，這件事就交給我處理！」

如何在「弱連結」的人裡面，為自己創造出類似「之前受到你那麼多照顧，這件事就交給我來處理吧」的機會，就是接下來要談的第四個重點。

＊譯註：有些地方翻成「強連接」；與之相對的是「弱連結」和「弱連接」。

「弱連結」，人脈的最大可能

在我們進入「弱連結」這個主題之前，首先我想問個問題——目前和你維持「友誼關係」的人共有幾位呢？

朋友、認識的人、公司的同僚、學生時代的死黨等，扣除親人以外，請你回想一下每個人的長相，面目清晰的有幾位呢？

英國人類學家羅賓・鄧巴（Robin Dunbar）教授根據他的研究，提出了——「一個人所能維持的『人際關係』數量落在一五〇人」這個理論。這個數字以教授的名字命名，稱為**「鄧巴數」**（Dunbar's Number）。鄧巴教授認為：「一五〇這個數字，是我們和其他人能夠維持穩定關係的個體認知上限」。

附帶一提，這個研究其實是以猴子群體為對象進行，鄧巴教授是透過大腦新皮質（Neocortex）的大小導出這個數字的。

也就是說，根據我們大腦的機能，能夠定期取得聯繫、維持交友關係的人數上限為一五〇人。

若是按這個想法來看，「弱連結」所涵蓋的範圍其實還挺狹窄的，你能夠深入交往的朋友，最多也就是一五〇人了。這個數字約為校園中四個班級的人數；如果是一間大公司，和你同期進公司的人也差不多是這個數字了。

這樣一來，就更突顯出「宣傳與奉獻」和「Give&Give」的重要性。

雖然你能夠掌握的，只有一五〇人。可是這裡頭的每一個人都有另外一五〇人的「弱連結」。或許你所熟悉的人只有一五〇位，可是認識你的人並不受鄧巴數的限制，在這部分是可以經營開拓的。

所以說，自己認識多少人，遠不如被多少人認識來得重要。藉由宣傳自己喜歡和擅長的事物，釋出願意為大家提供服務（貢獻）的訊息，在日常生活中不斷去實踐（給予）。如此一來，你的「弱連結」數量，一定可以遠遠超過鄧巴數所提出的界限。

活用「再連接」，中斷連結能重建

另外，我們可以使用**「再連接」**（Reconnection）的方式，修復中斷的連結，維持和他人的「弱連結」關係。

做法很簡單。

只要記住對方的**臉**、**名字**和**特徵**（例如：家族成員、喜歡做什麼、擅長什麼事情等），這三項重點就夠了。當你和初次見面的人自我介紹完之後，請不要只憑記憶，而是要用筆記本、名片或智慧型手機的記事APP等，記下關於對方的情報。

這種做法看起來和那些能幹業務員所做的事情並沒有兩樣，其實在商場上，那些善於利用人際關係的高手們，無不熟習「再連接」的手法。

當你遇到好久不見的朋友，請盡量在和他寒暄時提起他另一半的名字問：「〇〇最近過得如何呢？」或者是他小孩的名字：「〇〇今年幾歲了啊？」又或者，可以搬出對方感興趣的話題：「最近都上哪打高爾夫球？」等等。只要對話中加上這些簡單的隻字片語，就可以瞬間拉近彼此在沒有見面這段時間裡所產生的距離感。

根據鄧巴教授提出的理論，「一個人能定期取得聯繫，維持友誼關係的人數為一五〇人」所言，在「弱連結」外圍，其實有不少目前雖然沒有聯繫，但卻曾經相識的友人。

用一個比較符合當下的比喻來說——就是指那些雖然名字還在LINE等SNS好友名單上，彼此偶爾也會互通一下有無，可是距離上次見面，已經過了四、五年……這樣的朋友。

這種關係如果繼續放任不管，彼此之間的連帶感就會越來越淡薄。但只要我們能記住「再連接」的三個重點，並加以實踐，便能夠很快再和對方取得聯繫。

當遇上什麼疑難雜症或需要解決的事時，我們常常會立刻想到：「那個人好像對這件事很拿手。」然後心想：「或許他會願意在這件事情上幫我個忙。」一邊著手和他聯繫——這就是去實踐「再連接」了。

懂得善用「弱連結」的人都有一個共同的特徵，就是深諳「再連接」的道理。

如果你能利用「宣傳與奉獻」和「Give & Give」來提高自己的能見度，就能增加那些「善用再連接」的人找到你的機率。

從另一方面來說，如果你也親自去實踐「再連接」，它將是你能夠把自身興趣收益化的一大助力。

請記住，**金錢是從「弱連結」裡生出來的**。

POINT

- 「弱連結」可帶來財富，重要性不可輕忽；
- 「被多少人認識」，遠比「認識多少人」還重要；
- 見過面的人，要把他們的「臉」、「名字」、「特徵」記錄下來。

05 四大聯想訓練，打造「致富直覺力」

這個世界上有兩種類型的人，一類是能夠主動抓住機會的；另一類是會讓已經注意到或尚未注意到的機會從眼前溜走的人。

在前面幾節中，你已經學會經由「宣傳與奉獻」讓身邊的人都知道自己的存在；又能透過「Give & Give」提升大家對你的好感度，並利用「貢獻」來展現自身實力。現在機會正從「弱連結」人際網路的另一頭朝著你而來。

當機會出現在面前時，你認為自己是可以毫不猶豫拿下它的人嗎？

想要達成收益化的第五個重點，是**「直覺」**。能夠主動邁步向前抓住機會的人，一定都對「直覺」的力量深信不疑。

直覺是每個人與生俱來的能力，而且已經有心理實驗可以支持這個說法——在這個實驗執行的過程中，受試者依序以每次一．五秒的速度，觀看兩張照片。

一開始先給受試者看一張人像照片，一．五秒後畫面會變成全白狀態，然後出現人像戴眼鏡的照片，並在一．五秒之後消失。

看完兩張照片後，實驗方會問受試者：「你有注意到兩張相片中有什麼不一樣的地方嗎？」

答案只是有無戴眼鏡的差別，本來不論是誰應該都馬上就能夠注意到，然而一・五秒→全白畫面→一・五秒的節奏其實相當地快速，很多人在瞬間是反應不過來的。

接下來發現到的現象才是重點，受試者就算沒能找出哪裡發生了改變，他們卻都注意到兩張照片中應該「有哪裡不太一樣」。實驗方也把照片換成圖畫或其他小物件，經過反覆測試後得到的結果都是這樣。

受試者知道發生變化的事實，只是無法具體指出是哪裡改變了。隱藏在這個現象背後的就是「直覺」。

直覺雖然讓人們感知到變化的存在，卻不能明確地指出到底是哪裡不一樣。這是因為，人類的大腦在發揮直覺時作用的部位，和盯著每樣東西看，用以做出判斷的部位，是兩個完全不同的區域。

經過理性思考、深思熟慮後採取行動，和憑藉直覺來決定一件事情時，兩者在人類腦中的資訊處理路徑完全不同。這個現象是由美國范德比大學（Vanderbilt University）的研究團隊所發現的。這個研究團隊掃描人類大腦的運作過程，發現當人們靠直覺來做決定時，會無視理性思考的路徑。

「直覺」，準確率高達九成

有讀者可能會很緊張，害怕靠直覺做的判斷或決定，如果出錯了該怎麼辦。其實你不用那麼擔心，因為依靠直覺做出的選擇大部分是正確的。

根據以色列大學所做的研究結果顯示，直覺所下的判斷，約有九成正確。

他們採取的實驗方式和前面提過的相片實驗不同，他們在螢幕的左右兩側，連續且快速地打出兩組數字。結束後，實驗方會問受試者：「左右兩邊的數字，哪一邊的平均值比較大？」。

由於數字顯示的時間很短，受試者根本無法去記憶或計算。儘管如此，實驗「六組數字」時，得到的正確解答率仍有六成五；進行二十四組時，正確率更會向上攀升到九成。

這個實驗結果顯示，當人類的意識和理性都派不上用場的時候，會利用直覺判斷來做出正確選擇。這就像當人手碰觸到高溫的物體，腦中不會先想「這東西好燙，不把手拿開會受傷的」，而是馬上喊出「好燙！」然後把手移開。

有時我們會對才第一次見面的人產生「這個人應該很好相處」的感覺——當然也有可能產生的是「這個人應該很難相處」。請回顧一下過往的經驗，這種直覺印象是不是其實還挺準的呢。

在和「應該很難相處」的人實際接觸了一陣子之後，你是否常常有「果然不出我所料」的感覺？相反地，那些讓你覺得「應該很好相處」的人，在接觸了一陣子之後，大部分也會給你「他這個人的確很不錯」的感受。

換句話說，與生俱來的直覺，是為了保護人類而進化的感知能力。在大部分的情況下，直覺會引導我們往正確的方向前進，不但如此，它還能在通往收益化的過程中為你指路。

「抉擇點」當前，「直覺」是最好解答

對自己充滿自信，無懼嘗試、態度積極的人，在做決定時總是乾脆俐落。在力求謹慎的人眼裡，這些人雖然能夠當機立斷，但行動卻往往讓人看了直冒冷汗。事實上，他們不過就是在遵循著自己的直覺行事。

另一方面，「到底該怎麼做抉擇才好？雖然感覺這是一次不錯的機會，但還是不要貿然行事比較好吧？」、「的確，直覺告訴我應該把握這次機會，但事情哪有百分之百盡如人意的？」像這樣優柔寡斷的人，老實說，大腦好不容易發現的機會，都要被你給放掉了。

如果你原本心裡覺得還不錯的事情，往往在經過有意識、理論性的思考後，被用一堆消極的想法否定。這種思考習慣一旦定型，不論你如何精進自己喜歡的事物，也出不了「只是興趣」的程度，結果能夠達成收益化的機會，也就全飛了。

相反地，「想破頭做出來的決定，最後通常讓人悔不當初。所以猶豫不決時，就相信自己的直覺吧！」擁有這種想法的人，才能抓住眼前的機會。

身為一位記者和社會心理學家，同時也是《決斷2秒間》*（*Blink: The Power of Thinking Without Thinking*）作者的麥爾坎・葛拉威爾（Malcolm Gladwell）曾說過：「人可以僅憑瞬間判斷和第一印象，就理解事情的狀況。而不假思索就做出的判斷和花時間推敲出的結論，並無法去斷定孰優孰劣。」

事實上，就有統計資料指出，在找工作時能夠選到適合自己的職業，或目前所從事的正是自己喜歡工作之人，將他們和並非從事喜歡工作的人相比，有多出二〇%的人數比例，在求職時選擇依賴直覺。

另外，紐西蘭奧塔哥大學（University of Otago）的研究也顯示，在「需要特殊知識」和「分析超出能力範圍之事物」時，憑直覺行事通常都是正確的選擇。

在這個研究裡，受試者被要求預測籃球比賽的輸贏結果。

一部分的受試者用邏輯推理來選出他們認為會贏球的球隊；另一部分受試者則用

個人好惡或球隊名稱的好壞，全憑感覺來選擇球隊。結果，利用推理分析選出獲勝球隊的答對率為六成五，但只憑感覺做選擇的答對率卻高達七成。

不管從事哪一種行業，當我們要在一件事情上做出決定時，通常都必須為「做這個決定的理由」進行說明，這時總需要準備大量資料和證據來支持自己。

可是透過直覺瞬間形成的判斷，和我們花了大把時間才得出來的結論，竟然絲毫不會相形見絀。這或許代表人們應該試著去尊重這種難以言喻的直覺，並接受在大部分情況下，跟著感覺走反而能讓事情圓滿解決。

想太多容易讓人裹足不前。當你面臨「將自己喜歡和擅長之事物，變成機會」的抉擇點時，請相信直覺。小心翼翼只會讓機會從手中溜走，使你留在原地打轉。

四大聯想訓練，遊戲中鍛鍊直覺力

雖然直覺是人類與生俱來、任何人都擁有的能力。可是進入社會以後，周圍的環境經常要求我們用常識來當判斷事情的標準。日子久了，原生能力也就跟著退化。

該如何才能重新找回自己的直覺呢？事實上，在我們的周圍就有一些小遊戲，它

＊譯註：闇紀宇譯，時報出版，二〇一五。

們都是用來訓練直覺的好方法。

以色列的希伯來大學（Hebrew University）以及本・古里安大學（Ben-Gurion University）的研究團隊經實驗後發現，如果每天早上或晚上，花一、兩個小時來玩這些遊戲，只要持續十天，從認知心理學上就可以得出「直覺力得到鍛鍊」的證明。

而且根據這個研究團隊指出，經過十天的訓練，獲得提升的直覺力可以維持長達四個月不退化。

要提醒你的是，這裡所指的遊戲並非手機或電視遊樂器裡的遊戲，而是傳統的桌上、紙牌遊戲。

這類遊戲需要有對手，在思考下一步該怎麼走、該做什麼選擇時也有時間上的限制——只要能符合上述這幾個條件的遊戲，都可用來活化直覺力。靠直覺做判斷，在不斷下決定的過程中，退化的直覺又會再一次甦醒過來。

除了上述遊戲，希伯來大學和本・古里安大學研究團隊還特別介紹了四個遊戲。

第一個遊戲是**「遇到外星人」**。這是一個假設自己遇到語言不通，無法以對話溝通的外星人時，該怎麼做才能把想傳達的事情讓外星人理解的遊戲。這個遊戲經常出現在綜藝節目裡，和「比手畫腳」沒有太大的不同。

由你扮演外星人，遊戲搭檔扮演想把內容傳達給外星人知道的地球人，利用非言語的方式來做訊息交流。到底該怎麼做呢？這時便可以靠直覺判斷，然後帶出動作。利用這個遊戲，可以自然地訓練自己的直覺。

第二個遊戲是**「怎麼會有這種事？」**——假設早上起床後，你發現自己的身體比昨天大三倍，請想想看，這種體型的優點和缺點各是什麼？突然變得如此高大，能讓自己在說話時更有分量，這點能讓你在工作上加分。然而因為體型過大，目前的床鋪根本睡不下，只能夠花錢買新的了。……。就像這樣，把不可能發生的事當成主題，讓自己的想像力天馬行空一下吧。

第三個遊戲是**「取名字」**——在進行這個遊戲前，要先準備好紙和筆，然後將眼睛閉起來，讓筆尖恣意在紙上遊走作畫。當你完成一幅莫名其妙的大作後，請為它取個名字。請把你看到這幅畫時，腦海中瞬間閃現的那個詞彙寫下來，這樣就可以鍛鍊直覺了。

第四個遊戲是**「找到替代品」**——這個遊戲是將放在身邊、經常使用的東西拿在手上，進行腦筋急轉彎，想出和這個東西原來功能不同的用途。

舉例來說，我們可以拿吃義大利麵的叉子來想想，它還有什麼其他的用途。例如「可以用來當畫筆使用」、「它可以彎曲，能夠拿來表演魔術」、「用手指彈叉子一端，它就會轉動。或許可以用叉子停止轉動後所指示的方向，當成找出好運方位的指針」、「可以用它來穴道按摩」等等，然後把每個靈光一閃都記錄下來。

進行這個遊戲時盡量不要用頭腦思考太多，看起來越是荒誕無稽的想法，越能刺激我們的直覺。

史蒂芬．賈伯斯和比爾．蓋茲兩人都很**重視自己的直覺**。

當一個絕妙的點子浮現在腦海中，你是否能相信自己的直覺，立刻將它化為行動？這將成為左右你是否能夠取得成功的關鍵。為了不讓收益化的機會稍縱即逝，我們需要磨練「直覺」。

POINT

- 當機會來臨時，請相信自己的直覺，勇敢邁步向前；
- 活用遊戲鍛鍊直覺力，判斷正確率高達七成。

專欄

錢為何不夠花？「物慾測驗」有答案

只要做一次物質主義測驗，便可以讓你明白自己有多容易受到外在物質誘惑，或你實際上認為需要填滿多少物慾，才能得到滿足。

下面有十個問題，請將你認為符合自己情況的程度，從「一」到「五」做評比。相當符合你的情況就是「五」，不符合情況的話則是「一」，如果都不屬於任何一邊就填「三」。作答時請不要想太多，用直覺選擇即可，這樣得到的結果正確性會比較高。

先測驗完成，得到結果再來看解答吧——得到一〇～二〇點的人，屬於低物質主義；二一～四〇點是普通範圍；四一～五〇點的人則是高物質主義。

在這個測驗中獲得點數越高的人，表示越渴望擁有豪宅、名車，並會透過購買昂貴商品來證明自己的成功。那些超過目前購買能力的高價位名牌精品，則會成為他們備感挫折的來源。

得分超過四一點的人是「超物質主義者」，他們會用身上擁有的東西，衡量自己以及身邊的人是否為成功人士。因為這種人並不清楚自己的能耐在哪，只是不斷想要

物質主義測驗

問題一 仰慕那些坐擁高級轎車和豪宅的人們

問題二 用買到的東西來評斷人生是否成功

問題三 就算是生活中需要程度不高的東西也想買下來

問題四 身邊擁有更多高貴的名牌精品，就能讓自己幸福洋溢

問題五 得不到自己想要的高價商品時，情緒會變得很煩躁

問題六 喜歡身邊到處都圍繞著高級精品的感覺

問題七 買下高單價的東西能讓自己得到滿足

問題八 對物質的追求與執著，超過對朋友和家人關心的程度

問題九 願意花大錢買名牌的東西

問題十 想要得到「讓別人一看就羨慕起你」的東西

總分 ☐

出人頭地，因此對金錢的慾望總沒有止盡。

這種人雖然擁有不錯的賺錢能力，但因為在金錢的使用方法上有些問題，所以想要得到幸福並不容易。

得到的點數在二一～四〇之間的人，以三〇點為中間值做分界，分有「物質主義稍高」和「物質主義稍低」兩個群體。屬於這兩個群體裡的人，大多能在賺錢和花錢上取得平衡，較少捲入麻煩的金錢問題。

另外，點數落在一〇～二〇的人們，是物質主義較低的一群。由於如何賺錢不是他們所關心的事，所以一旦急需用錢，很有可能讓他們的生活頓時陷入困境。

關於這個物質主義測驗還有一個值得注意的地方，那就是——如果今天是在手頭有錢進帳的時候來做，會得到頗為不同的結果。例如，將測驗日期定在拿到分紅獎金當天，得到的結果便會傾向「物質主義者」那一邊。

每個人都會因為環境帶來的變化，受到強烈影響。如果你是在一個沒什麼變化、再普通不過的日子裡要做這個測驗，我建議你可以在想像「買樂透中了三億日圓」的場景後，再來做它。

特別是那些點數落在二一～四〇之間的人，應該會得到更高的點數。

CHAPTER

4

「七原則」不踩禁忌，錢花在刀口上

01 收入「再投資」，花掉的錢加倍流回來

再讓我們複習一次建立「金錢螺旋」的四個步驟吧——

- **步驟零：**找到自己「真正興趣」；
- **步驟一：**徹底投入於自己的「興趣」之中；
- **步驟二：**想方設法將「興趣」和「收入」做連結；
- **步驟三：**從「興趣」中得到收入，再投資。

其中，關於在第三章裡出現過的「步驟二：想方設法將『興趣』和『收入』做連結」這一項，我已提出了五個重點來說明。

要如何將喜歡和擅長的事物收益化？我相信你一定可以從那五個重點裡面，找出適合你的賺錢方式。

本章的主題是「步驟三：從『興趣』中得到收入，再投資」。

這是能連結到下一個收入的用錢方式，步驟三也是推動「金錢螺旋」之四步驟的最後一個階段。

當你開始轉動「金錢螺旋」，我希望你能在腦中將之具象化。要知道，「金錢螺旋」並非一個在原地轉圈圈的圓形平面圖，而是像螺旋階梯一樣，繞著往上爬的。請想像一下，這個圓的大小會隨著你爬升的高度而改變，越往上走圓就越大，它的樣子就像一個倒過來的圓錐狀螺旋階梯。

我們不用實際做出這個倒圓錐，只要在腦中好好地將它具象化就行了。

我希望你能放在心上的重點還是——如何將「興趣所得的收入」，用來更加精進自己在這方面的知識和技術，增加為大家服務（貢獻）的機會，並在「弱連結」中提高能見度。只要能這麼做，與你志同道合的人就會出現在身邊，進一步強化你賺錢的能力。

以副業的方式，利用興趣幫自己每個月多賺幾千元的零用錢，這種做法不過是在平面上轉圈的圓。如果這樣你已經滿足，我也沒什麼好說的。但我在心中所描繪、想推薦給你的「金錢螺旋」，是「以自身興趣為軸心，能真正實踐的新生活型態」。

為了實現這個目標，我們需要將收入用在自己身上，進行再投資。本章我將和你分享，將「興趣所得收入」進行再投資的七個原則，那就是——

❶ 買經驗比買東西更重要；

❷ 購買「價值大於價格」的東西；

❸ 把錢花在買書上；

❹ 把錢用在別人身上；

❺ 把錢拿來打造一個值得信賴的團隊；

❻ 為了減少麻煩事，花錢買時間；

❼ 把錢投入到能讓力量最大化的組合。

接下來就讓我們善用「興趣所賺到的錢」，和下一個更好的收入連上線吧。我會從「買經驗比買東西更重要」這一項開始，為你詳細說明這「七大原則」。

POINT

■「金錢螺旋」越向上轉，可能性和收入就越大；

■「金錢螺旋」是以自身興趣為軸心，能真正實踐的新生活型態。

02 買「經驗」，比買喜歡更重要

走在實現「金錢螺旋」之道路上時，最大的禁忌就是把錢投入到和自己「喜歡與擅長之事物」沒有關係的地方。

假設你已經透過興趣展開了新的商業模式，幫自己賺進十萬日圓。當這份臨時的喜悅，沒有回過頭投資在「喜歡和擅長的事物」上，而是買了一支自己想要的手錶，那就只是一種「自我犒賞」的消費而已。

確實，每個人偶爾都需要犒賞自己一下。但如果目前尚在「金錢螺旋」剛開始轉動的節骨眼，對你來說最重要的，就應該是把「喜歡和擅長之事物」進行收益化，創造一個能夠提高收入的環境。

因此相較於花錢買東西，你更應該**把錢用於延展、精進自己的興趣與專長**。從上面的例子來看，假使「手錶」是你「喜歡和擅長的事物」，那麼就照自己的意思去做吧。

如果除了買到一支手錶，你還為了和在手錶業界已經取得成功的人士見面，或想要親眼目睹真正的手錶中古市集，才不惜重金造訪歐美國家，那麼這筆錢就成為增加自己知識和經驗的投資了。

以上就是原則一：「買經驗比買東西更重要」的基本思考方式。

花錢買「尊重」，中斷「金錢螺旋」的危險行為

在每個人身上，其實都潛藏著阻礙我們實踐「買經驗比買東西更重要」之原則的本能。這個本能就是——希望從別人那邊得到「受尊重的需求」。

「受尊重的需求」最麻煩的地方在於，可以透過花錢買東西這個行為，來滿足它一時的需要。這一點有時候甚至可能中斷「金錢螺旋」之運作。

「那個人真厲害」、「他一看就是個事業有成的人」——許多人都希望身旁的人能這麼看自己，渴望大家都能認同自身存在的價值。這種「受尊重的需求」，或多或少都存在於每個人的身上。

而為了向其他人展示自己的厲害和成功，又快又簡單的方法就是——花錢買一些能夠炫耀的東西。

開著豪華跑車趴趴走、手腕戴起高級手錶、腳上穿著名貴鞋子、身上配戴名牌流行配件。許多人都認為，只需要把自己的行頭稍微改變一下，就可以用簡單易懂的方式，向身邊的人宣告：「我的收入可是買得起這麼高檔的轎車喔，在社會上稱得上是

一位成功人士吧！」

儘管如此，買這些高級品的人，其實對這些實體的東西並不是真的太在意。他們只是覺得昂貴的東西一定有其價值，而非出自喜歡或想要而去買高級車的。

他們的目的很簡單，就是想要滿足「受尊重的需求」而已。一旦跳進了這個循環，人們就很難再把錢投資於自身「興趣」上，他們優先考慮的事情將變成——我要花錢購買「滿足受尊重需求的東西」。

更有甚者，有些人竟然還把滿足「受尊重的需求」當成人生目的，放棄去追求自己真正的興趣。若是到了這步田地，「金錢螺旋」就算想轉也轉不起來了。

因此，當你想花錢購買一些高單價商品之前，請不要忘記先好好地和自己對話一下：「我想買這個東西的理由，會不會只是為了滿足自己『受尊重的需求』而已？」

請不要誤會，我這番言論並非認為花錢買貴的東西就不好。如果透過這筆消費，能夠增進你的「興趣」，而且得到的回報比付出的還要豐富，那當然是多多益善。

唯有投資「興趣」，才能轉動「金錢螺旋」

有時在商場上我們會遇到一些人，一看就知道很需要滿足「受尊重的需求」。

我就聽說過一位獨立開設創投公司的企業老闆，在他的生意終於要步上軌道、處於即將更上層樓的成長期時，向金融機構借了錢，在東京地價最高的地段設立了豪華辦公室。

如果能夠見他一面，我還真想當面請教：「你想做的生意，和在東京地價最高的地方設立一間豪華辦公室，這之間有什麼關聯嗎？」經由提供的商品和服務，讓自己的公司成為市場中不可或缺的存在，這應該才是經營者本來要努力追求的目標。

公司透過提高商品和服務的價值抓住顧客需求、增加公司的營收。然後將賺到的錢，對商品和服務進行「提高價值」的再投資——如果能這麼做，公司得到的評價肯定會更好，業績長紅自不在話下。一間公司若能這樣運作下去，它就搭上了金錢螺旋的正向螺旋，且會開始轉動起來。

然而明明還處在前一個階段，就想著「早點讓大家都看到我在社會上已經取得成功的樣子吧」的公司負責人，光是把錢花在滿足自身「受尊重的需求」上，對轉動「金錢螺旋」並不會帶來任何助益。

「受尊重的需求」最可怕的地方在於，無論砸了多少錢進去，它就像個無底洞，怎麼樣也填不滿。就算能得到一時的滿足，豪華轎車之上還有超豪華轎車；高級手錶之上還有超高級手錶，而比自己公司還氣派的辦公室更是比比皆是。

假如有個公司老闆認為把辦公室設在東京最貴的地段，就能得到大家對他的尊敬，那麼我只想告訴他：「你想太多了。」

如果真想在「受尊重的需求」這個無底洞繼續玩下去，可以考慮打造更浮誇的辦公室，或做一些讓人側目的行為，來搏取各家媒體的版面。但這除了在炫耀行為上加碼升等之外，別無他途。

說了這麼多，還是要勸你把錢投資在自身「喜歡和擅長的事物」上。唯有這麼做，才能開始轉動金錢螺旋。

一旦身陷「受尊重的需求」，我們就會把白花花的銀子全花在不適當的地方。如此一來，不論你有多會賺錢，都像是把水裝進有漏洞的桶子裡那般，錢才剛流進來，又從另一邊流了出去。

別再把錢用在滿足「受尊重的需求」這件事情上了。這麼做就像在追逐一個永遠無法達成的夢想，只會累死自己。

什麼是購物的「快樂水車」效應？

在追求幸福感這件事情上，我仍然建議你花錢買**「經驗」**而非買「東西」。會這麼說是有所根據的，最新的心理學研究便指出，花一筆錢去買東西，和用相同金額的錢去累積自身經驗相比，後者比較能讓人感到幸福。

心理學家麗芙・范博文（Leaf van Boven）以及托馬斯・吉洛維奇（Thomas Gilovich）在他們的論文《*To Do or to Have?*》中，介紹了一個檢視人們在做一件事或擁有一件物品時，心情波動程度的實驗。

兩個實驗組的差異在於花錢買東西或花錢買體驗。受試者寫出一個個項目後，依它們對心情帶來的波動程度打上分數。

結果顯示，體驗比較能讓人留下深刻的印象，使人興奮起來。

雖然並非所有的體驗都令人感到愉快，例如「從度假地點回程的班機停飛」這件事——儘管這個意外事件影響到你的歸途，可是隨著時間流逝，腦海中留下的也只有旅途上美好的記憶。

如果有共同經歷這段「在機場等候班機」的朋友，那麼下次見面時，這個插曲就成了彼此共同的話題。倘若和你一起等待的人是未來的另一半，這件事可能甚至值得載入家族史。其他類似的例子還有在畢業旅行的夜晚去捉弄同學，或學生時代嘗試過的小冒險等。

相較之下，「花錢買東西」只能在瞬間帶給我們高昂情緒，當這些東西長時間待在自己身邊後，它們的價值便會遞減。然而經驗裡出現過的不愉快，日後都會經由大腦妝點成為令人開懷大笑的美好回憶，深深地刻畫在我們的腦海中。

無論從長期或短期的視野來看，**體驗能帶給人的幸福感都比較高**。

雖然不少人認為，經驗只能帶給人彈指之間的快樂，但實際上，它能帶給我們的是更多的幸福感和長時間不變的價值感。

此外，由於人們很容易就會習慣到手的幸福。假設你買了一棟和之前屋子相比寬敞許多的房子，當你搬過去住之後發現，那裡是一個高級住宅區，鄰居們每一個都比自己還要富有，這時你對金錢的渴望就會提高。

當幸福感逐漸消失，便會進一步刺激人們慾望。這個現象稱作**「快樂水車」**（Hedonic Treadmill），它和「受尊重的需求」一樣，都屬於不易掙脫與弱化的慾望。

錢會越花越少，但技術卻越用越純熟

我始終認為**知識、經驗和技術，是一個人最大的財富**。雖然錢只會越花越少，但知識、經驗和技術卻會越用越純熟。

我們身上的錢有可能被他人騙走或搶走，可是知識、經驗和技術只會存在你的腦中，是任誰也剝奪不了的東西。就算今天你落魄到身無分文，還是可以利用自己的知識、經驗和技術來東山再起。

椎名林檎在〈滿滿的財富〉（ありあまる富）這首曲子的歌詞中寫道——「我們

手中的財富是看不到的，無人可掠奪也無從破壞」。對我來說，知識、經驗和技術正是他人搶不走也破壞不了之「滿滿的財富」。而能夠鍛鍊知識、經驗和技術的，莫過於實際的「體驗」了。

POINT

- 與其把錢花在「東西」上，不如拓展自己的興趣「經驗」；
- 把錢拿來買高級車或珠寶飾品，對自己沒有任何幫助；
- 你的知識和技術，才是任何人都拿不走的財富。

03 就算賠上老本，也該冒險投資？

第二個原則是**「購買『價值大於價格』的東西」**，最好買能夠「連本帶利」賺回來的那種。

巴菲特曾說過：「『價格』是購買商品時所支付的錢；『價值』則是買了某樣商品後所獲得的東西。」*想要聰明用錢，就不能只是盯著價格的高低，應該要考慮的是——這個東西能為自己創造多少價值。

東西不是越貴就越高級，我們應該思考「如何回收這個價格，為自己帶來更多價值」。買到便宜的東西也不是就算賺到了，而是該去想想，你從裡頭得到多少價值。

從再投資的角度來說，假設今天我投入了十萬日圓，最後能獲得超過十萬日圓以上的價值回報，那麼這就是一筆有效的投資。另一方面，如果因為捨不得把十萬日圓拿出來投資在應該花用的地方，這筆錢雖然還是原原本本留在你身邊，可是卻無法產生超過它的價值。

＊譯註：出自《巴菲特開講》（*Warren Buffett Speaks*），Janet Lowe著，李振昌譯，商周出版，二〇〇八。

因此，對任何可能性進行審慎投資相當重要，請不要浪費一毛錢在無法和價值發生連帶關係的東西或體驗上。

只要你能這樣想，就已經具備「得到投資金額以上回報」的觀念了。在能夠把自己喜歡和擅長的事物連結到工作和收入之後，這種觀念將會成為你做事的大原則。

如果你在自身「興趣」上投入了五百萬日圓，卻只回收了五十萬日圓，你大可以安慰自己「有總比沒有好」，但是從「將興趣進行收益化」的目標來看，這並不是一項成功的生意。

我們最終的目的只有一個，就是利用自己喜歡的事物，打造出能夠持續獲利的金錢螺旋。把錢用在撐場面或滿足一時歡愉的事情上一點意義也沒有。

經營公司或企業時，道理也是一樣的，投資在研究開發、設備更新及宣傳上的費用，如果不能透過營收補回來，想要達成永續經營不啻是癡人說夢，金錢螺旋當然也無法運轉下去。

所以最重要的是，你要具備有「只要花了錢，就要獲得付出金額以上回報」的觀念。至於該怎麼做才能獲得收益？這正是我們需要不斷去思考的事情。

養成這個觀念後，除了用於投資興趣，還能活用在其他地方。

例如，日常生活中買衣服，或為了得到某種體驗，花錢報名一個旅程時。如果能夠習慣性地反問自己：「我能不能從花出去的這筆錢中，多少獲得一些回報呢？」自然而然就能減少浪費的發生。

「炫耀式購物」，讓你越買越貧窮

這裡還有另一個重要的觀念，希望你也一併記住——**「不要把錢投資在看起來連老本都會賠進去的事情上」**。

假設我要買一支手錶，手錶和我感興趣的書與知識等，沒有任何關聯性，原本那支物美價廉的也就夠用了。更何況現在還可以用智慧型手機看時間，有沒有手錶都無所謂。

然而在現實社會中，就是存在著一些人，他們僅從對方腕上的手錶等級，就會臆測此人做事的績效和能力。

這種人要去物色公司經營顧問時，便會特別注意對方手上戴的是廉價貨色，還是「這個品牌的手錶，一支最少也要一百萬日圓起跳」那種。

面對手上戴著廉價錶的顧問時，他在心裡會想「關於公司經營的事，找他商量妥當嗎？」然後一陣不安襲上心頭。但若是手上戴著高級錶的顧問，他就會認為：「看起來就會賺錢，能賺錢就表示有能力，找他來當公司的顧問吧！」

儘管如此，我還是想告訴你——我們沒有附和這種價值觀的必要。除非買一支百萬日圓手錶，就能讓你拿下好幾個公司的顧問案，創造出數倍營收。只有在這種情況下，砸一百萬日圓買手錶，才不是一件沒有意義的行為。

但若只是你買來配戴在身上的名牌精品，為了讓對方覺得「你的土豪品味真嚇人」，不但無法回收任何投資，還會成為不能帶來任何產值的浪費。

由於不管我的手上有沒有戴手錶，都不會影響來找我做諮詢的案件數量，所以我不會把錢花在買錶這件事情上。

如果今天是我想要買一隻手錶，購買前我便會先好好思考：「買下這隻錶，能為我帶來何種、多少的回報？」

如果能夠得到不錯的回報我就買，若非如此，這件事就暫時擱下吧。一但花錢買了一支錶，我絕對會努力去想方設法，讓自己從中獲得的價值，超過所付出的金錢。

善用網路再連接，「弱連結」立刻啟動

相同的思考模式，也可以套用在旅遊這類個人興趣上。因為大多數的人都是從工作單位取得休假後才能出門旅行，所以一般來說在這段期間內「不會賺錢」。因此才會有這麼多人為了出去玩，平日必須拚命攢錢。換言之，旅行就是在燒錢，沒錯吧？

但就算只是出去走走的短程旅行，你仍可以想想：「在這趟旅行中，能得到什麼有價值的事物？」

前些日子，當想去旅行的心情又開始蠢蠢欲動時，我上網收集了一下資料，然後意外發現了一位挺有意思的人物。

這位仁兄在脫離了上班族生活後，一直在世界各地旅行。看到這裡，你是否會想：「他應該存了一筆能夠支付這段漫長旅程的錢吧？」然而事實並非如此。

他是在旅行中不斷更新部落格記事，靠著廣告收入來維持他的旅行。而且他一直將旅途中的支出，壓在從部落格廣告得到的收入之下。正是因此，他才能夠繼續從事自己最喜歡的事情。這種做法不正是「金錢→興趣→工作→金錢」的金錢螺旋循環嗎？

我們也可以在自己的旅途中設定一些有趣的目標，像「在旅行地點認識十個人」——這聽起來不錯吧？把目光放遠來看，你可以去期待將來，能得到比當下金錢收益更大的回報。畢竟若你每次都把「在旅行地點認識十個人」當成旅行的目標，只要出去個十次，你在世界上就多了一百個人的人際網路。

在未來的某個時間點，這個網路一定能為你帶來巨大的價值。更何況現在還有像「臉書」這麼方便的東西，想要維持和這些友人之間的「弱連結」，可說易如反掌。

就算你今天是在喝一杯時認識了新朋友，你同樣可以活用這些新的連結關係，試著構思新的生意機會。另外，還能把在旅行和購物時，遇見的人、感受到的事，當成給自己的暗示，用它來想出些有意思的企劃。

就算是在休閒放鬆的時候，也應該提醒自己，心情要經常保持在**一半「遊戲」**、**一半「工作」**的狀態才行。只有這麼做，才能培養自己將紛至沓來的事情和「工作」結合在一起的能力。

POINT

- 要有「一定要得到投資金額以上的回報」之觀念；
- 不要把錢投資在看起來連老本都會賠進去的事情上。

04 不懂「價值判斷」，最易陷入「價格迷惑」

第三個原則是**「把錢花在買書上」**。

看到這裡的讀者或許已經發現——這第三個原則不就是 DaiGo 自己最喜歡做的事情嗎？說對了，不過，如果將「把錢花在買書上」換成「在自己用來判斷價值的標準上花錢」，這樣的說法也算成立。

假設有一位文學研究家，在二手書店裡東翻西找，終於發現了一本夢寐以求、一直遍尋不著的古典名著，標價十萬日圓。

這位學者想必會壓抑著興奮到想大叫：「天啊！這麼貴重的書籍竟然只賣十萬日圓，真是挖到寶啦！」的心情，馬上走到櫃檯去結帳。

但如果今天是一位對文學沒有任何興趣的人，他在二手書店裡被厚厚的灰塵籠罩住的書架上發現了這本書，試問他會有能力去分辨，十萬日圓這個價格究竟是高還是低嗎？

文學研究家的大腦之所以能在發現這本書的當下，就立刻做出「現在不買更待何時！」的判斷，原因就在於，他心中有明確的「價值判斷標準」。

因為擁有「價值判斷的標準」，所以他很清楚「這本書雖然不值得花二十萬日圓買下，但如果是十萬日圓，那就太划算了」。

這個「價值判斷的標準」因人而異。

在二手書店裡標價十萬日圓的書，或許在另一位文學研究家眼中「價值不到十萬日圓，要是五萬日圓還會考慮一下」。這表示，以第二位文學研究家的「價值判斷標準」來看，這本書的價值是五萬日圓。

因為社會上大多數的人並不了解「自己判斷價值的標準」，因此往往都會受到店裡商品的定價所左右。

假設現在要決定買或不買一個定價五十萬日圓的名牌包包，當買的人是一個沒有自己價值判斷標準的人時，他會想：「這個包包敢賣五十萬日圓，一定有它的價值。」最後就接受這個由賣方定出來的價格。

然而事實上，在買包包之前，本來應該要先用前面介紹過的原則二「購買價值大於價格的東西」來做判斷才對。

若是用五十萬日圓買到能為自己帶來價值超過這個價格的東西，這就是一次有價值的購物，如果不是這樣，則只能算是一次浪費的消費行為。

由此可見，「價值判斷的標準」有多重要。

如何鍛鍊「價值判斷」？

想增進「價值判斷力」是有方法的。你可以試著在走進商店後先不去看商品的價格，將「我願意花多少錢買這個東西？」的想法放在腦中。

當你心想「這個東西三萬日圓我就買了」，這個價格就是你對該項商品定出的價值。接著請看一下實際的標價，如果價格不到三萬日圓，你就可以考慮把它買下來。如果超過，那就算不買也沒關係。

我認識一位喜歡骨董的女性，她有時會去骨董店裡晃晃兼做市場調查。有一回她在閒逛時發現了一個相當喜歡的桌燈。當下她心想：「如果這個桌燈只要五萬日圓我就買了」。

因為這是一間走高價精品路線的骨董店，她為了不讓自己在看了標價後長嘆：「唉，果然買不下手。」於是故意先略過價格，直接問店員：「這個桌燈可以用五萬日圓賣給我嗎？」

沒想到，原來要價八萬日圓的桌燈，就這樣讓她以五萬日圓的超划算價格帶回家了。

就像這樣，不管賣家怎樣去為商品設定價格，只要你能夠透過如此的自我訓練，用自己的價值觀來為所有想要購買的商品定出價格，就能掌握自己的「價值判斷的標準」了。

在此，我又要搬出巴菲特來了。事實上，這位被稱為「史上最強股市投資大師」的達人，也是根據自身的「價值判斷標準」，來進行股市操盤作業的其中一人。

在巴菲特決定要購買某一檔股票之前，他都會先對想投資的公司進行徹底研究，過程中收集到的資料，據說足以集結成一本厚厚的書。只有在收集好資料後，他才會判斷：「這間公司真正之企業價值為何？」

如果這間公司在市場上的股價低於巴菲特判斷的企業價值，他就會購買該公司股票；反之，則不會出手。一旦他買了股票之後，就會長期保有。

雖然股票的價格容易因為諸多外力因素而上下震動，但如果把時間拉長來看，公司原來所具有的價值和它的股價終會逐漸趨於一致。

也就是說，只有能夠真正看清一間公司價值的投資者，才有可能在難以捉摸的股票市場中取得成功。巴菲特正是因為具有這個優秀的特質，所以才成就了自己莫大的財富。

巴菲特十九歲的時候讀了班傑明・葛拉漢（Benjamin Graham）的經典之作《智慧型股票投資人》（*The Intelligent Investor*）*。從這本書裡，他學到了「用四十美分買到價值一美元東西」的哲學。

於是他獲得實踐「找出具有一美元價值之企業，在它的價格還是四十美分時買下」的能力。只要能買到這種公司的股票，肯定能獲得豐厚的回報。

大前提是，你必須先擁有足以判斷出「這家公司確實具有一美元價值」的能力才行。

由於大多數的股票投資者沒有這種眼光，所以總在股票開始漲的時候買進，開始下跌的時候賣出，只會跟隨股市的上下波動起舞。

如果你想在金錢上取得成功，「價值判斷力」是不可或缺的能力。

投資兩千元，換得兩千萬報酬

對我來說「把錢花在買書上」這個原則，是我透過自身「價值判斷標準」衡量後所得出的，最好的再投資方式。

不論在大型書店或網路書店，你都可以找到古往今來、不分東西、種類齊全的各類書籍。

＊譯註：齊克用譯。寰宇，二〇一八。

雖然在原則一我這樣寫到：「買經驗比買東西更重要。」但在這個世界上，沒有一樣東西比書本這項商品，更能讓人獲得「學習經驗」了。

而且用來購書的投資，還是CP值（Cost-Performance Ratio，性能與價格的比值，亦稱為性價比）最高的一種。我曾在學生時代買下了《影響力：讓人乖乖聽話的說服術》（*Influence: Science and Practice*，羅伯特．席爾迪尼著，閻佳譯，久石文化，二〇一七），這本書在日本目前已出到第三版，價格約在三千日圓左右。我還記得當時買下它，售價只在兩千日圓上下。

我從這本書裡學習到的知識，經由實踐應用後獲得的收益早已經難以估量了。如果換算為金錢，至少也翻了一萬倍以上。由此你便能發現，一本書的售價和它產出的價值之間，可以有如此巨大的差異。

如果你真心想在「喜歡和擅長的事物」上下功夫，那麼請你一定要認真地去挑選幾本書，並在熟讀它之後加以實踐。只要你願意這麼做，一定也可以和我一樣，從一本書中獲得難以估計的收獲。

從書本中吸收知識，然後在實踐知識的過程中獲取經驗，這是任誰也無法從你身上奪走、會永遠留在自己腦海中的東西。

「書本」就是要多讀多用才能提高它的價值，待時機成熟，它一定可以成為你發達路上的助力。

裝進腦袋裡和吃進肚裡的東西，都是別人拿不走的。所以說，把錢花在書本上，是真正「零風險、高報酬」的最佳投資。

POINT

- 在自己用來「判斷價值」的標準上花錢；
- 進店後先別急著看商品的標價，隨時問自己：「我願意花多少錢買這個東西？」

專欄

金錢「換位思考」，避免無謂浪費

如果各位讀者想要減少日常生活中的浪費，向大家推薦一個我每天都在實踐的方法，那就是活用「興趣」來進行換位思考。

假設你現在正拖著疲憊的身體走在路上，真想立刻叫一台計程車來代步。可是當你準備叫車時突然想到，東京計程車的起步價為七三〇日圓（約新台幣一百六十元）——如果將這七三〇日圓車資換成「興趣」會如何呢？

因為我的興趣是「讀書」，所以就拿書本當成替換的基準吧。七三〇日圓和一本岩波文庫*的書在價格上差不多。如果用來搭計程車，約為跳表一次，不到五分鐘車程的距離。

若用這筆錢買一本岩波文庫的書，然後漫步回家，不但可以把走路當成提神醒腦的方式，還可以透過閱讀增長知識。

就算你的興趣是打高爾夫或滑雪，這類費用遠高於計程車跳表一次價格的活動，但只要你能忍耐幾回想叫計程車的衝動，省下來的錢不就可以去「打場高爾夫」或「滑一場雪」了嗎？

下一次，當你要打開皮包花錢時，請先回想一下自己喜歡的事物，你會驚訝地發現，只是多這麼一道緩衝關卡，就能有效減少浪費發生。

同樣的思考方法也適用於「時間」。假設你現在有一段三十分鐘的空檔，如果你不想在恍神中虛擲光陰，可以試著將它置換為「為興趣而用的時間」。如此一來，就能得到「抑制浪費」的效果。

雖然生活中有時也需要給自己一點留白時間，但我只要一想到「三十分鐘可以多讀好幾頁」，自然會去選擇開卷閱讀了。

學會將「金錢」與「時間」，和自身「興趣」或與它相關的活動來做換位思考，相信你也能在日常生活中，逐漸減少浪費的發生。

＊譯註：岩波書店於一九二七年刊行的小型平裝書籍，是日本最初的文庫本之一。效法德國雷克拉姆出版社的出版品，希望能以低廉價格，促進書籍流通，讓更多人可以享受閱讀的樂趣。

05 付出不吃虧，「犒賞系統」讓你更快樂

第四個原則是**「把錢用在別人身上」**。

當你已經賺進了一筆錢，接下來要追求的，就是幸福了。究竟什麼才是提高幸福度的最佳方法呢？從心理學的知見來看，把錢用在**「利他」**的事情上，不失為一個好方法。

正如我在前面章節提到的——心理學家從監測大腦反應的實驗中得知，從戶頭的一百美元中拿出一部分捐贈給窮人時，大腦的尾狀核和伏隔核都會產生反應。就算是以「課稅」這種強制徵收的方法去捐贈，也有活化尾狀核和伏隔核的現象。如果是自願捐贈，活化的反應就更明顯了。

尾狀核和伏隔核是一組犒賞系統（Reward System），當人們感到快樂時，這個部位會發生活性化。但若這個喜悅感受並非發自內心，就不會有任何反應。

換句話說，當人們願意把錢用在其他人身上時，可以感受到發自內心的快樂。當幸福度增加了，心情也會高昂起來，促使我們將更多精力投入到自己的「興趣」上。

話說回來，當你想要給對方什麼時，具體來說，是要「給誰」、「什麼東西」呢？

首先來回答「給誰」這個問題，答案是「你認識的所有人」。把錢用在其他人身上不只能為你帶來幸福感，「互惠原理」也會發生作用，只要你願意付出，身邊的人也同樣會成為「願意為你付出的人」。

因此，為他人用錢其實也是一種投資，它能在你要將「興趣」進行收益化時，為你創造出許多機會。

「互利者」多慮，機會最易溜走

賓夕法尼亞大學（University of Pennsylvania）組織心理學家亞當・格蘭特在著作《給予：華頓商學院最啟發人心的一堂課》（*Give and Take*）*中，為我們介紹了許多實例。書中他將為他人用錢的人稱為**「給予者」**（Givers），他認為這些人在社會上能取得最大的成功。

格蘭特將人分為——**給予者**、**索取者**（Takers）、**互利者**（Matchers）三種類型，並加以分析。

「給予者」會去注意對方想要得到什麼，並在給予的過程中盡心盡力。相反地，

＊譯註：汪芃譯，平安文化，二〇一三。

「索取者」行動時優先考量的是「自己能不能從中獲利」。而「互利者」，則是在給予和接受之間尋求平衡。

換句話說，「給予者」是專注付出的人；「索取者」是專注攫取的人；「互利者」則是專注在交換的人。

格蘭特指出，在三種類型的人之中，能在事業和經濟兩方面都得到巨大成功的是「給予者」。相較於只想著如何獲取自身利益的「索取者」，最後能得到巨大利益的人，還是「給予者」。

為什麼給予者會成功呢？因為索取者身邊的人都防著他，擔心「這個人不知在盤算什麼，該不會又想一些損人利己的事吧？」所以很難得到旁人的幫助，想當然爾，離成功的目標就越來越遠了。

另一方面，互利者所想的事情是——如何回收自己為其他人的付出，所以他們經常在腦中敲著算盤：「這個人真的會把我為他付出的那部分還給我嗎？」這種行為讓互利者無法及時採取行動，結果機會就白白流失了，因此他無法搶得先機。

和兩者相比，給予者由於把對方的事情擺在第一位，「互惠原理」的作用便讓他能在許多事情上拔得頭籌。再加上，給予者在用錢時，會先站在對方的角度，經過一番深思熟慮後才出手，因此接受的人都會覺得「很窩心」。

如此一來，不論於公於私，由於給予者能得到許多人的幫助，所以更容易在社會上取得成功。

格蘭特在《給予》一書中所講述的內容，其實正支持了第四個原則所衍生出來的想法——把錢用在其他人身上，就能產生遠超過金錢本身的價值，而且最後，它們還會回到自己身邊。

共享放大利益的「頂層給予者」

這裡有一點想要提醒你。

雖然格蘭特指出，占據社會上層的成功人士中有許多是給予者，但在另一方面，處在社會最底層的人，也幾乎是給予者；索取者和互利者則大多處在中間的位置。這是因為，在給予者之中，還分為「頂層給予者」和「底層給予者」兩個極端。也就是說，如果單純只是一位願意把錢用在他人身上的給予者，並不能保證一定可在社會上取得成功。

那麼，「頂層給予者」和「底層給予者」之間，到底有什麼不同呢？

其差別之處在於，身為一名給予者，在為人付出時的「給予方式」有所不同。

「底層給予者」經常是為了他人的利益做奮鬥，最後反而犧牲了自己。假設在有一百分利益可得的情況下，底層給予者會只留下十分，卻將剩餘的九十分都給了其他人——這樣的他就正好是貪得無厭的索取者最喜歡利用的對象。

「頂層給予者」則專注於如何把全體的餅給做大。他和一起工作的夥伴們絞盡腦汁、同心協力，努力將原本只有一百分的利益，擴大為兩百甚至三百分。

假如「頂層給予者」最後實現了達成一千分利益的成就，就算他只取其中的一成而已，他還是能獲得一百分的利益。然後將擴大的利益和每一位共同打拚的夥伴們分享，使每個人都能得到幸福。

因此，當我們為他人用錢時，也別忘了活用自己的興趣，把收益的餅給做大，增加能夠分得的部分。

另外，頂層給予者在遇到自己的課題、需要他人幫忙時，向他人拜託的方法也很高明。

同樣的情況，換作是索取者或互利者，心裡頭就會想：「請別人來幫忙我，不是會欠下人情債嗎？」

但頂層給予者不會這麼想，他們會誠懇地去拜託他人說：「我想請你助我一臂之力，或許我們可以共同完成些事情。」然後藉由群策群力，共同思考如何提高收益。頂層給予者將自己身上的課題，變成與夥伴共同解決問題的機會。

這麼做不但讓他得到更多人的幫助，而且實際上還增加了自己圓滿解決問題的可能性。

什麼是「畢馬龍效應」？

「頂層給予者」通常還有以下幾個特質——首先，他們都**一視同仁地重視「強連結」或「弱連結」**。

親人、伴侶、好朋友等，屬於「強連結」裡的這群人，在我們陷入困境時，往往願意在精神和物質層面上提供幫助，成為我們的救命繩。同時，這些「強連結」也是我們在高興時，可以敞開心胸分享喜悅的一群人。

但這群在「強連結」裡的人，因為大多和我們生活在差不多的環境，所以比較難去期待，從他們那裡得到新的收益化機會，或帶來未知新資訊，將我們的「興趣」和飛躍的開創性產生連結。

在這一點上，就突顯出和「弱連結」之間關係的重要性了。

頂層給予者對於「建立和維持『弱連結』關係」也很有一套。在他們之中有不少人都擁有能立刻記住和初識之人名字和長相特徵的能力。我們能向頂層給予者學習之處在於——他們不但能利用興趣為他人做出貢獻，爭取到收益化機會。而且不只是對

「強連結」，他們在面對「弱連結」時，也會相當重視地去多方滿足他人的需求。

除此之外，頂層給予者還能從對方身上發現可能性，並將它加以活用。一般來說，我們可以看到許多在社會上被稱為優秀教師或教練的這些人，都具備了頂層給予者的特質。

就算是年輕且充滿野心，想在鋼琴世界闖出一片天地的鋼琴家，也不可能在習琴之初，就知道自己是個天才。

只有具備給予者特質的老師，在一開始就發現這個學生的可能性，認定：「這個孩子挺有天賦的，只要加以琢磨，假以時日必可光芒四射。」並對他充滿期待地加以培訓，才有可能成就一位天才鋼琴家。

如果老師對孩子有所期待，孩子也會注意到老師對自己的器重，於是努力使其才能開花結果。這種情形就稱為**「畢馬龍效應」**（Pygmalion Effect）。在具有給予者特質的老師身上，比較容易出現這種效果。

能遇到給予者特質的老師，真的相當幸運。

擅長找出對方潛能的給予者，在商場上也會去投資那些尚在成長中的公司企業，買下他們還未上市的股票。因為給予者在其中嗅到了未來的可能性，所以希望透過自己的援助，幫助這些公司企業成長茁壯。

與此相反，索取者只會去買那些已經公開上市，而且勢頭正旺的公司企業股票。雖然投資那些股票仍未公開上市的公司企業並不容易，但一旦他們成功上市上櫃，你就能得到鉅額的收益。

如果拿足球隊或棒球隊來做比喻的話，給予者會栽培仍默默無名的選手，讓他成為球場上的明日之星；索取者則是砸下重金，收攬那些已經成名的明星選手。

只要這樣做，就能創造「雙贏」

頂層給予者相信每個人身上所擁有的可能性，他在將大家納入連帶關係的同時，也讓每個人的潛能得到最大發揮。

一個團體中，不應該同時存在著贏家和輸家，而是要以打造雙贏（Win-Win）的狀態為目標——給予者在這件事情上，尤其不會有所減省。

正因如此，人們才都願意去幫忙給予者，而且正所謂「物以類聚」，給予者身邊的人往往也都是給予者。

如果你希望能活用自身「興趣」取得社會上的成功，首先你就必須先讓自己成為一名給予者。

另一件重要的事情是——去認識其他的給予者，和他們一起工作。如果和索取者待在一起，想要打造雙贏的關係，將會非常困難。

如果要判斷一起工作的人是給予者還是索取者，就必須對他在一般日常生活中的行為和態度，進行仔細的觀察才行。

索取者喜歡的東西是財富、權力和地位，換句話說，就是那些能為自己帶來利益和勝利的事物。給予者喜歡的則是被人信賴和幫助他人。他們會去思索能為這個社會或團隊做點什麼。

看完上面的敘述，相信你應該也已經了解，給予者和索取者在興趣與志向上的確是大相逕庭。讀到這裡，在你的腦中是不是已經浮出「我們課長是給予者」、「和我同期進公司的那個傢伙，應該是索取者無誤」……這些具體的面孔了呢？

如果你已經具備了良好的識人功力，就應該避開索取者，盡可能不要和他共事。

至於究竟該怎麼做才能成為一名頂層給予者？

能不能成為給予者的關鍵，其實不在於「心」，而是**「行動」**。去像給予者一樣行動吧，只要動起來就對了。

具體來說，你可以試著去實踐下面這幾項內容——

- 對「強連結」和「弱連結」的看重一視同仁，試著為更多人付出；
- 相信每個人擁有的可能性，試著找出他人的潛在能力；

・和更多人建立連帶關係，將成果最大化；
・以打造一個眾人都能有福同享、互惠雙贏的狀態為目標。

不用說，為其他人用錢也是成為給予者不可或缺的條件之一。在成為一名給予者之後，接下來的第五個原則執行起來，將易如反掌。

POINT

■ 錢除了花在自己身上，更重要的是去為了認識的所有人而使用；
■ 模仿給予者的行為，讓自己也成為一名給予者。

06 團隊「互補」，比「志同道合」更重要

第五個原則是**「把錢拿來打造一個值得信賴的團隊」**。

想將「興趣」當成有收入的工作，大致上有兩種主要的選擇。

首先是**「獨立創業」**。例如藉由提高原本就是興趣的長跑能力，達成「菁英級全程馬拉松」，然後將這個經驗和跑步理論、建議事項都在個人部落格上公開。如果能受到各方好評，寫書、演講、舉行講座等工作就會找上你了。

在這時離開原本服務的公司自行創業，便是我們一般最常見到，「將興趣當工作」的案例。

每個人擅長的領域都不同，有擅長跑步、有精通外語、有熟稔骨董的人，當然也有強項在於諮商或不動產投資的人。只要有能為人服務的一技在身，透過宣傳並實際對社會做出貢獻，就能找到收益化的機會，這是放在任何工作領域皆準的道理。

第二種選擇是繼續留在公司裡任職，**將自身「興趣」和「工作」連接**。

舉例來說，如果一位擅長跑步的人，在企劃體育活動的公司、知名運動用品公司或健身房上班，相較於其他人，就比較容易能把「興趣」和「工作」做連結。

另外還有一種方法是——在工作上活用你從興趣裡獲得的知識、資訊、技術和人際網路等，並藉此向公司提出投入新型事業計畫的建議。

不論選擇的是哪一種做法，它們都有共通之處。那就是——若想將興趣當成工作，並走得長遠，就必需建立「工作團隊」。

與不同類型的人組隊，讓路越走越寬

特別是選擇走獨立創業這條路的人，往往都會遇到需要增加工作夥伴的情形。當你開始經營一家公司，肯定會遇到許多你做不到、討厭的和不擅長的事務。

這時候，你就需要有人幫忙處理這些你不喜歡和不擅長的事情。此時最重要的，就是選擇一些和自己擁有不同能力的人加入團隊。而其中最合適的人選，莫過於喜歡做你認為棘手之事，或善於你所不擅長事物的人。**如果只想找意氣相投的朋友，是不行的。**

朋友中和我屬於同一種類型的人還不少，不少交情特別好的人都喜歡閱讀，和他們在一起聊天的時間總是過得特別快。儘管如此，我也不曾想過和他們有商場上的合作，更不會在工作上請他們來幫忙。

在我經營的公司裡，員工大多是和我不同類型的人。我的公司沒有固定的辦公室，採彈性工作制，但也沒有設定員工必須上班的核心上班時間（Core Time），員工們可以在喜歡的地點和時間做自己想做的事，和一般的公司體制很不一樣。

想打造強大團隊，「酬勞」就要給得大方

在薪資上，我付給他們的酬勞也遠高於一般的公司和企業。如果你問我為什麼願意這麼做？這是因為我的員工們擅長的事情，幾乎都是我不會的。

例如我對於去不同的地方露臉、和他人建立新關係，以及爭取工作機會等事較不拿手。但在我的公司裡，有些工作人員就很擅長對企業做諮詢與安排演講，做這些事情時他們一點也不以為苦，反而能樂在其中，幫我簽下有利的合作條件。因為有這些員工，我才能接到這麼多有意思的工作。

反之，有些員工辦不到的事情我得心應手。

換句話說，每個員工不但能各自發揮專長，卻也能彼此幫助，圓融地完成各自的工作。我認為這就是一個團隊能夠穩定運作的原因。

為了打造這樣的團隊，我在前面章節曾強調，一定要將「自身興趣以及擅長的事」，對身旁的每個人做宣傳。

如此一來，那些擁有共同「喜好」和「想做之事情」的人，就會聚集到你身邊

來。其中肯定有些人擁有你所沒有的能力，而他們恰恰就是你會渴望納入工作團隊裡的人。

對於這些人，你的工資必須給得大方。只有這麼做，當你將「興趣」轉換為「工作」時，才能找到願意在背後支持你的人。

建立一支人少且質精的工作團隊，是將自身興趣當成工作，朝長期經營前進時的基礎。

POINT

- 當你將「喜歡的事物」當成工作之後，為著眼於長期發展，需要打造一個工作團隊；
- 選擇和自己擁有不同能力的人一起工作；
- 想要夥伴給力，薪水要大方給。

07 「帕雷托法則」讓投資成效最大化

第六個原則是**「為了減少麻煩事，花錢買時間」**，這個原則立基於「珍惜時間」的思維。

為了追求「喜歡和擅長的事物」，我們都需要有一段完整的時間。雖然每個人在一天二十四小時之內能賺到的錢在數量上並不一樣，但「一天二十四小時」對所有人來說，是不變的條件。

就像大夥一起去喝酒時，總是有些人會變成其他人的心情垃圾筒。被當成心情垃圾筒者和朋友去暢飲一次平均得花五千日圓，若所花費的時間為三小時，他所支付的成本就是「五千日圓、三小時」。

如果用這「三小時」和「五千日圓」，來增進自己「喜歡和擅長的事物」，你知道能產生多大的效益嗎？

和那些愛發牢騷又多言的朋友去喝酒，損失的不只是金錢，還有寶貴的時間資源。

工作越忙碌且賺錢能力越強的人，越會去珍惜時間，因為這些人懂得時間的價值。他們知道如果把時間用在沒有意義的事情上，這段時間終將難以彌補。而這就是他們和一般人不同的**「時間成本意識」**。

如果你正在構思如何以「興趣」為軸心來轉動金錢螺旋，你就必須有**「時間比金錢更加重要」**的認識才行。然後當進行再投資時，請記得在你所能使用的時間內，撥出二〇%，用在自己的興趣上。

這就是以「八〇：二〇法則」*為基礎的思考方式。這個法則裡提到，在一間企業裡，工作能力強的前二〇%員工，能創造企業整體利益中的八〇%。這個法則也能應用在個人工作上。在整體工作內容中，重要性在前二〇%的項目，往往占了整體工作成果的八〇%。

因此，如果我們能夠將二〇%的時間，完整地保留並再投資給自己的興趣，就可以期待收成一個豐盛的成果。

活用二〇%時間，對興趣「再投資」

話雖如此，當我們試著去實踐，把二〇%時間投入到自己真正感興趣事物上時，就會發現——要執行這件事並不簡單。

---

* 譯註：帕雷托法則（Pareto Principle），台灣多用「80/20 法則」標記。此概念源自義大利經濟學家帕雷托，他發現在整體經濟中，大部分的結果是由構成全體中的一小部分人所創造出來的。

假設你一天的睡眠時間為八小時，剩下的活動時間共為十六小時。十六小時中的二〇%為三小時十二分鐘。若要在每天上班工作的同時，為自己保留三小時十二分鐘，來從事「興趣」，並非一件容易的事。

畢竟人們的日常生活除了工作之外，還有吃飯、打掃房間、洗衣服等雜事，也需要和家人、戀人、友人進行溝通交流，當然有時也要娛樂一下，出去喝一杯或到郊外踏青——而做這些事情都得要花時間。

如果我們花費大量的時間在這些事情上，將很難去實踐「把整體時間中的二〇%，投入到自身興趣」這個目標。

為了將二〇%時間，拿來對興趣進行再投資，你應該去極力削減，在上述活動以外地方所浪費掉的時間。

不想做卻得做，怎麼辦？

具體來說該怎麼做呢？首先，我們可以將一天的時間大致分為「不做也可以的事」、「雖然必須做，但不想做的事」、「想做的事」三個部分。當然「興趣」是包含在「想做的事」裡面。

這三個部分裡，最先要削除的是「不做也可以的事」。

如果先對生活現況做個調查，應該有不少人把大量的時間花在「不做也可以的事」上。像是被朋友拉去參加既不有趣、又沒有任何收穫的喝酒聚會，就是最典型的例子。另外還有漫無目的地滑手機或看電視等，都算「不做也可以的事」。

如果我們能減少那些混跡在日常生活中，造成我們浪費時間的壞習慣，就能將節省下來的時間，用於「興趣的再投資」。

因此，在你要去做某件事情之前，請先試著問問自己：「這件事真的非做不可嗎？還是其實不做也沒有關係呢？」如果你得到的答案是「不做也沒有關係」，那就算要花錢來解決，也得果斷地拿出錢來。

減少「不做也沒關係的事」之後，接著要來消除「雖然必須做，但不想做的事」。既然名為「必須做的事」，就表示我們沒有迴避、不去處理它的理由。

對於這類的事項，**「該如何盡早解決」**才是關鍵。

例如煮飯、掃地、洗衣服等，這些對大多數人來說「雖然必須做，但不想去做的事」，你可找家事服務人員來處理。如果對整理帳單或製作單據等不在行，也可以委託外包來解決。

對於這方面的支出請不要太小鼻子、小眼睛，因為這些都是「需要處理的事」，放著不去完成它，只會讓自己心中一直卡著大石，覺得不快活而已，這樣反而會害你無法將精神和時間集中在「想做的事」上。因此，要如何在最短的時間內解決需要處理的事？就請動動你聰明的腦袋，找出一個最有效率的方法吧。

我們的最終目標是——將「雖然必須做，但不想去做的事」轉變成「不做也可以的事」。

在一天二四小時裡，你真的有辦法將活動時間的二〇%投入在喜歡的事物上嗎？該怎麼做才能增加從事興趣的時間呢？這些都是需要你好好確認，進行分析和改善的作業。

POINT

- 要有「時間比錢更重要」的認知；
- 在所能夠使用的時間中，撥出二〇%投入到自己最喜歡的事物上吧；
- 將「雖然必須做，但不想做的事」變成「不做也可以的事」。

08 強化「第二專長」，打造「個人品牌」

第七個原則是「把錢投入到能讓力量最大化的組合」。

具體來說，就是要對你「第二喜歡和擅長的事物」做再投資，並將它和既有主力武器做結合，使之發揮出相乘以上力量。

就拿喜歡英語的人來說，如果我們將錢集中投資在學習英語上，當增進了相關知識和技能後，就可以到補習班去講授英語會話。這就是將「興趣」和「工作」連結，最容易明白的案例。

然而，一旦滿足於這個階段，而忽略了「再投資」步驟，你就無法開拓更寬廣的世界。

如果你想投入的領域是許多人正在努力的目標，或已經有許多高手存在，如此一來，勢必就得面對激烈的競爭。

當僧多粥少，市場就會發生削價競爭的情形。也就是說，想要回收已經投資下去的金錢和時間，會變得較為困難。

當然，如果你在自己喜歡和擅長的領域裡留下了傲人的成績，想獲得高收入並非遙不可及，不過你還是要有跳進「紅海」*裡，和其他競爭對手廝殺的心理準備。

相較於紅海，藍海**中的競爭對手較少，往藍海發展當然是比較明智的做法。把世人還沒做過或尚未注意到的事情當成自己的「工作」，正是通往藍海的捷徑。

換句話說，就是**去創造自己的「工作」**。

讓我們來想想，在「喜歡英語」上加點什麼，能成為大家還沒有做過的事呢？最直接的想法是，去學習和「技術」相關的英文，培養自己成為特定專業領域中的筆譯或口譯專家，建立起自己的招牌。

或者也可以去學習一個較為冷門的語言，讓自己成為可以使用多種語言的人，這種策略就是刻意投入較小市場，以更突顯自己存在。

活用科學基礎，成為唯一「讀心師」

潛能開發大師厄爾·南丁格爾（Earl Nightingale）曾說過：「做和別人相同的事情，不會獲得成功。」

我總自稱是一位「讀心師」，其實這個職業也是我自己創造出來的。

嚴格說來，在海外其實已有不少自稱是「讀心師」的人了。以美國的讀心師來說，他們通常是利用話術或一些伎倆，來猜中觀眾手上撲克牌的數字，這種表演至今仍是主流。因此美國的讀心師又被稱為「心靈魔術師」，屬於魔術師的範圍。

另一方面，歐陸的讀心師則大多喜歡在表演中，廣泛使用「心靈」（Spiritual）的元素。

當我在構思自己想呈現什麼表演，並考慮日本特有的風土民情後，我放棄了追隨美國或歐洲任何一方。我從一出道就昭告世人，我的演出所展現的並不是魔術、靈能力或超能力，而是綜合了心理學等多種科學知識為基礎的表演。

目前我仍然使用和心理學相關的科學知識，並且藉由將它們應用在商場等不同的領域，來展開我的事業版圖。

像我這種類型的讀心師，就算放眼全世界，或許也找不出第二個來了。

「獨一無二」，就不怕競價

獨一無二的特殊性，讓我免於捲入和其他人的削價競爭。

每當有人要找我做諮詢或演講時，我都會開出頗為強硬的條件，儘管如此，在大多數的情況下，對方依然會照單全收。

---

* 譯註：Red Ocean，意指價格競爭激烈的既有市場。
** 譯註：Blue Ocean，指尚未開拓的新興市場。

為什麼我做得到呢？因為對方知道沒有其他讀心師可以取代我，所以他們只能來找我——最近甚至還出現來自國外的邀約呢。

如果在日本國內出現了和我相同類型的讀心師，邀請我的人可能就會對我說：「讀心師 A 都接受這樣的報酬了，DaiGo 先生不能把價位再拉低一點嗎？」

如此一來，我就有可能陷入和他人的價格競爭之中。

既然你已經有把「興趣」和「工作」結合的打算了，不妨找一個大家還沒做過的事情、設為目標，讓它成為自己的「工作」，這不是更有意思嗎？

在此，我要舉一個在核能發電業界很有名的日本人為例。

雖然這個人很年輕，才三十多歲，但因為他經手的技術開發案件很多，在業界早已建立了不可動搖的地位。他是怎麼做到的呢？起因是在於他擁有 MBA 及核能研究相關的兩種學位。

懂得專業技術又擁有經營概念的人才其實非常稀少，所以同時掌握這兩樣看似毫無關聯的能力，最後成為他飛黃騰達的關鍵。

我希望你也能理解，目前社會上已經存在的工作，不會是你應該要追求的。唯有適當組合兩種「興趣」，才有可能創造出世界上沒有的工作。

讀到這裡，或許在某些讀者們的心中始終抱持有這樣的疑問：「雖然我也想將

『興趣』和『工作』連接，但自己『擅長的事』實在不脫個人喜好的範圍，世界上或許沒有能將它加以活用的工作吧？」

既然如此，我們就從已經存在的工作裡，去找出可以將自己「擅長事物」直接當成職業的工作吧。而且，你沒有必要非得從當下既存的事物去發現它。

事實上，能將你的興趣，立刻做為收入手段的「工作」，出現的可能性非常低。這個世界上可沒有這麼便宜的事，既然「沒有」才是常態，就乾脆自己來創造吧。唯有如此，才能讓你有效利用再投資的資金，並獲得更大的利益。

了解「自身強項」，規劃最強「生存戰略」

我認為，如果你能全心投入自身興趣，而且可以進入心流狀態，但卻無法將它和「工作」結合，是件很令人感到可惜的事。普遍說來，一般人應該都會希望兩者能夠相互結合才是。

對我來說，讀書獲得知識的時間是最快樂的，除了睡覺、和貓玩耍、到健身房鍛鍊身體之外，我唯獨想要將生活中所有的時間，都用在吸收知識上。

但是，如果我的「工作」和吸收、活用知識之間沒有任何關聯，寶貴的時間就必須分配給工作。每天都要將大好光陰耗在工作上，這簡直就像是在凌遲我。

其實我過去忙於電視台演出時，就曾經陷入這種慘況。

「我好想保有讀書時間。真希望自己能從事和吸收、活用知識相關的工作！」隨著日子過去，這股想法在我心裡不斷增強，迫使我不得不去好好思考，該怎麼做才能達成自己的願望。

摸索的過程中，我開始在niconico動畫網站上主持節目。這個工作的契機源自於多玩國（DWANGO）*的大野先生，他當時跑來詢問我開設節目的意願。假設我沒有去認真思考過，如何將喜歡的知識活用在工作上，相信也就無法做出進入頻道排行榜前三十名的節目了。

正因為清楚知道自己喜歡的是什麼，才有可能抓住偶然找上門的機會。

你如果也能找到自己「真正喜歡的事物」，你會發現——哪怕只能延長一秒也好，你就是不想離開它。到了這種程度，你將很難再去做些普通的工作。你肯定會深切地去考慮：「一定要找出個辦法，將自己喜歡的事物和工作結合起來！」並且認真找出執行的方法。這過程中的努力，必定會為你打開一條活路。

於是最後問題，便會回到——你是否做好心理建設了？

我想強調的是，如果只靠精神力量就想找到或創造出「能將興趣收益化」的工作，是不可能的事。

特別是當你想要創造出目前社會上還不存在的工作時，你需要的做法其實和企業要投入新事業領域時，所要做的前置作業並無二致——都需要分析**「自己強項」**、**「市場狀況」**和**「存在的競爭對手」**。

首先，我們要掌握自己在那份興趣上到底有多少能耐。接著要去思考，該如何活用這項能力，才能對社會大眾有貢獻，而且能實際上解決某些人的問題。

另外，社會上如果已經出現了和你所構想出之相同的商業模式，而且存在著競爭對手，你就要利用和對手不同的路徑去思考，如何才是能夠最大限度活用自己能力的工作方法。

從我個人的角度來思考，需要心理學和行動經濟學相關知識的市場人口一定存在，至於是哪種業界、哪些公司企業，則得由我進一步深入探索。

如果是這種情況，就算對方對我說：「敝公司真的很想請你來當我們的諮詢顧問，但實在拿不出符合你行情的價格。」我會告訴他：「等到做出成績了再付給我也不遲。」

另外，我認為需要知識建議的應該不只公司企業，一定也有個人客戶存在。對於

＊譯註：株式会社ドワンゴ，DWANGO Co., Ltd.，日本的資訊科技企業，是 niconico 動畫的母公司。

個人戶的知識需求者，當我思考什麼樣的傳遞形式，對他們而言最適合的時候，浮現在腦中的答案就是 niconico 頻道。

從我的例子你可以知道，為了把自身「興趣」和能將之收益化的「工作」相互連結，學習關於經營策略和市場的基礎知識也十分重要。

這方面的知識不只是公司企業在擬定經營策略時需要，對於規劃個人生存戰略時，也能起到相當的作用。

POINT

- 想一想，在興趣上加點什麼，可以創造還沒有人做過的工作；
- 認清自己在「興趣」上有多少能耐；
- 思考該如何活用自己的能力，以有益於社會大眾。

專欄

一個問題，看你能否成為有錢人？

將來有沒有機會成為有錢人，和你能否精準預測十年、二十年後的未來，以及有無長期視野息息相關。

例如下面這個問題，你會怎麼回答呢？

「餐廳裡有一名叫阿喬的男性正在邊喝咖啡邊想事情，他所想的是關於未來的事。具體來說他在想什麼呢？請把你認為的內容描述出來。」

這是關於長期視野之心理學實驗中，用來詢問受試者的一道問題。

「剛才幫我端咖啡過來的服務生長得好可愛」、「等一下要開會了，好煩啊」、「今天晚餐要吃什麼呢」……，如果你的腦中不假思索地出現上面這些答案，那事情就不太妙了。

實驗結果顯示，收入較低的人面對這類問題時容易答出：「阿喬正在等和他約好要碰面的人。」這種過不久就會發生的事情。

與之相反，收入較高的人則會去考慮五年、十年以後的事，他們的答案大概都是「阿喬在想幾年後的事」。

也就是説，是否擁有長期視野，和將來能不能獲得高收入，兩者之間有著密切的關係。

曾經有個女生問我：「要怎樣才能在一堆男生之中發現『潛力股』呢？」，我的回答是：「請他們來做這個題目吧！」

出社會、變成大人之後，培養長期視野、讓自己「有一個明確的長程目標」是很重要的。

如果有個人將「兩年後，為了完成先出社會、再去美國留學的夢想，我還需要賺到兩百萬日圓」做為自己的目標，他肯定不會去做其他浪費時間和金錢的事。

擁有長程目標的人，不會因受到眼前事物的影響，而做出衝動行為。因此請你也開始試著利用自身「興趣」上，建立起自己的長程目標吧！

後記 啟動「金錢螺旋」，用錢越多更有錢

「勤勉和節儉，這兩個語彙已經為我們概括了取得財富時需要的一切。」
「省下一分錢和賺到一分錢是相同的。」
「使用一分錢就是，去得到一分錢的愉悅。」

——《班傑明‧富蘭克林價值百萬美元的點子》，Lynn G. Robbins 著，Franklin Excellence Ink 監修，藤本隆一譯，產能大學出版部，一九九六。

上面這些句子，每句都是出自一百元美鈔上的肖像人物，班傑明‧富蘭克林的名言。

富蘭克林是美國開國初期的政治、實業家，他整合了自己能夠獲得成功的思考方式，將其濃縮為十三條美德，並做出以下論述——

節儉：錢要用在對他人或自己有意義的事情上，不要浪費。

勤勉：珍惜時間，做有意義的事，不在沒有必要的事情上下功夫。*

* 譯註：《他改變了美國，也改變了世界：富蘭克林自傳》，渡邊利雄譯，中央公論新社，二〇〇四。

富蘭克林的思考方式，其實也濃縮了本書希望傳達的重點——「認真投入自己喜歡的事物」（勤勉）、「把錢用在自己喜歡的事物和他人身上」（節儉）。

這兩個語彙的涵義已經一言概括了，你該如何賺取所需要且足夠「財富」的一切。如果真能去實踐這兩個語彙的內容，不但可以轉動「金錢螺旋」，更能開始在「金錢」和「幸福」之間取得平衡。

另外，富蘭克林也曾提示過：「透過『花錢』，才能讓『有錢』產生意義。」換句話說，就是要我們去重視「用錢時所能得到的喜悅」。

能夠創造財富的人並非「不花錢」，而是深知節儉的必要，並且會思考自己能從花錢的過程中獲得什麼，在生活中徹底地實踐「選擇與集中」。

在「興趣」上花錢絕不手軟，而且對其進行再投資，如此一來便能夠強化賺錢的能力，讓你所期待的報酬源源不絕地流進來。

相反地，如果你只靠這裡忍耐一下、那邊節省一點，擠出薪水中的一小部分存起來，是不可能達到你所期待的財富的。

如果不斷地去壓抑自身慾望，過著省吃儉用的生活，也遲早有一天會發生埃米爾・庫埃（Emile Coue）所提出的「轉換努力法則」，反而變相增加了「犒賞自己」等無謂的消費行為。

為了終止這種負面螺旋，我們必定要先清楚知道，在自己的「興趣」中，有哪些是真的想要的東西。當下次你又對什麼產生「想要」的衝動時，只要拿它和真正渴望的東西相比，那股衝動就會平靜下來。

記下三件事，重新發現自己「興趣」

如果你很喜歡國外的雜貨和珠寶飾品，想要開始從事將這些商品進口到國內販售的工作，為了讓自己做起事來更有幹勁，倒是可以買一些能夠激起鬥志的東西。

此刻最重要的是決定「何時購買」（時間）以及「花多少錢買」（價格）。假設你決定明年要到自己很欣賞的一位海外藝術家之祖國拜訪，並在當地花三十萬日圓買下由他創作的珠寶飾品。一旦你如此下定決心，之後就算偶然在街上遇到喜歡的東西，也不會發生因一時衝動而購買的事情。

這種「決定自己想要什麼」的做法，可幫助那些「面對喜歡的事物會猶豫不決，難以聚焦目標」的人一臂之力。

做法很簡單，先準備幾張紙，於紙上寫下對你來說人生中絕對需要的三樣東西。這三樣必須是不可或缺、極度需要，少了它們就會渾身沒勁的東西才行。接著，請你為它們排出名次。最後，你還要有無論在這三樣東西上花多少錢也再所不惜的想法。

上面提到的「東西」所指的未必都是具體的「物」，若是「想做的事」也沒關係。三樣都寫完後，你就可以接著細究，要實現或得到它們需要多少預算？計畫該如何擬訂？請明確地在紙上寫下。

我相信在這三項中，一定包含著你的「興趣」。

順帶一提，若你已經絞盡腦汁了，還寫不出三樣東西或事情，表示你還處於不知道什麼才是自己所需要之事物的狀態。如果總是這樣過生活，就好像走進店裡，買下內容物和價格都還沒弄清楚的商品一樣。

如果你剛好身處這種狀態，請回到本書開頭所提到的「你想做什麼？」、「你喜歡什麼事情？」這兩個問題上，再好好琢磨一下。

當然，你所選擇的三樣東西或事情，在經過了興趣磨練之後，一定會有所改變。這種改變將伴隨著你的成長，同時也是周遭環境不斷在發生變化的證據。

完成金錢螺旋，財富就像空氣無所不在

一旦完成「金錢螺旋」，並開始運轉後，對你來說「金錢」就會像空氣般存在。

如果真能如此，你也無須再去操一堆心，肯定會有充裕的資金在手頭流轉。請注意我的意思並不是說「錢會像打開水龍頭就有水流出來」。你要追求的絕非泡沫經濟

式的資金快速流動，而是當你了解用錢及賺錢的方法，並在技術上和希望獲得的收入水準達成一致時，你便不會再對「金錢」抱著強烈執念的狀態。

能夠走到這一步，就表示你再也不用追著錢跑了，因為沒有人會去追求那如自然狀態般存在於身邊的事物。如同我們不曾去宣稱「從這裡到那裡的空氣是屬於我的」一樣，當你已經安處於這樣知足的狀態，就可以從「身上沒錢，將來的生活真令人擔心」、「拿不到自己想要和需要的東西，這不是有點慘嗎？」、「不懂如何用錢，銀行戶頭空空如也」、「都過十年了，薪水一點起色也沒有」等，這些「金錢煩惱」裡得到解放。

不僅如此，你還能從每天寫家計簿和花費時間、精力去想如何管理金錢的桎梏中重獲自由。也就是說，從此你可以用平靜的心情，來過每一天的生活。

當你轉動了屬於自己的金錢螺旋，在「金錢」和「幸福」之間取得平衡之後，就可以將遠比金錢更寶貴的時間資源，花在從事自己真正喜歡的事情上了。

最後我由衷地希望，本書的內容可以幫助各位讀者，過上不用再為金錢煩惱的人生。

Mentalist DaiGo

參考資料

- 亞當．格蘭特，雪柔．桑德伯格解說，楠木建監譯《反叛，改變世界的力量》（三笠書房），中譯本為時報出版
- 麥爾坎．葛拉威爾，澤田博、阿部尚美譯《決斷2秒間》（光文社），中譯本為時報出版
- 亞當．格蘭特，楠木建監譯《給予：華頓商學院最啟發人心的一堂課》（三笠書房），中譯本為平安文化
- 李察．韋斯曼，木村博江譯《心理學家教你59秒變A咖》（文春文庫），中譯本為漫遊者文化
- 米哈里．契克森米哈伊，今村浩明《心流：高手都在研究的最優體驗心理學》（世界思想社），中譯本為行路文化
- 班傑明．富蘭克林，渡邊利雄譯《他改變了美國，也改變了世界：富蘭克林自傳》（中央公論新社），中譯本為久石文化
- 珍娜．羅渥，平野誠一譯《巴菲特開講》（ダイヤモンド社），中譯本為商周出版